1 ──── 바르셀로나 1군 소집 ──── 2023. 4

2022-23시즌 스페인 라리가 30라운드 아틀레티코 마드리드전을 앞두고 사비 에르난데스 감독은 만 15세의 라민 야말을 1군으로 소집했다. 모두가 놀란 결정이었다. 사비 감독은 그의 훈련을 확인한 뒤 내린 결정이라며 자신의 선택을 설명했다. 급하게 1군에 합류한 15세 라민 야말은 등번호 41번을 받았지만, 경기에 나오지는 못했다. 이 순간부터 바르셀로나는 그를 주목하기 시작했다.

2 ──── 바르셀로나 리그 최연소 데뷔 ──── 2023. 4

이어지는 1군 소집 끝에, 2022-23시즌 라리가 32라운드 레알 베티스전에서 라민 야말은 81분 가비와 교체 투입되며 데뷔 무대를 가졌다. 앳된 얼굴의 라민 야말은 몇 차례 결정적인 패스와 슈팅을 기록하며 팬들의 박수를 받았다. 15세 290일, 바르셀로나 역사상 리그 최연소 데뷔 신기록이 탄생했다. 종전 기록은 1922년 마르티네스 사기의 15세 335일이었다.

3 ──── 스페인 라리가 최연소 선발 출전 ──── 2023. 9

2023-24시즌 스페인 라리가 2라운드 카디스전 바르셀로나의 선발 명단에는 라민 야말의 이름이 당당히 포함돼 있었다. 그때 라민 야말의 나이는 16세 38일. 바르셀로나를 넘어 스페인 라리가 역사상 최연소 선발 출전이었다. 종전 기록은 말라가의 파브리스 올링가(16세 112일)였다. 라민 야말의 활약 속에 바르셀로나는 2-0으로 승리했다.

4 ──── 바이아웃 10억 유로 바르셀로나 재계약 ──── 2023. 10

2023년 10월, 바르셀로나는 명확한 성공의 가능성을 보여준 라민 야말에게 재계약 서류를 건넸다. 라민 야말은 큰 고민 없이 계약서에 서명했다. 계약기간은 2026년 그리고 바이아웃 10억 유로. 한화로 1조 5,100억 원에 달하는 금액이다. 16세 어린 선수에게 이 정도 바이아웃 금액을 책정한 것을 보면 바르셀로나가 라민 야말을 어떻게 생각하고 있는지 알 수 있다.

5 ──── 스페인 라리가 최연소 득점&데뷔골 ──── 2023. 10

2023-24시즌 라리가 9라운드 그라나다전, 라민 야말은 바르셀로나 데뷔골을 기록했다. 팀이 0-2로 뒤지던 전반 추가 시간, 주앙 펠릭스가 넘어지며 날린 슈팅이 라민 야말에게 절묘한 패스가 됐고, 그는 텅 빈 골문에 공을 치 넣었다. 16세 87일, 스페인 라리가 최연소 득점 기록을 세웠다. 종전 기록은 파브리스 올링가의 16세 98일이었다

6 ──── 스페인 A대표팀 차출 ──── 2023. 9

라민 야말은 16세 50일이라는 믿을 수 없는 나이에 연령별 대표팀이 아닌 성인 대표팀의 부름을 받았다. UEFA 유로2024 예선인 조지아, 키프로스전을 앞두고 루이스 데 라 푸엔테 감독은 "우리는 나이가 아니라 수준을 봅니다. 그는 최고 수준에서 경쟁할 준비가 됐습니다. 그는 스페인 미래에 매우 중요한 자산입니다"라고 말했다. 새로운 역사의 시작이었다.

7 ──── 스페인 A대표팀 최연소 데뷔 ──── 2023. 9

라민 야말에게 스페인 A대표팀 데뷔전 기회는 빨리 찾아왔다. 유로2024 예선 조지아전 전반 44분 마르코 아센시오가 부상으로 쓰러지며 라민 야말은 16세 57일의 나이로 대표팀에 데뷔했다. 스페인 대표팀 역사상 최연소 데뷔 기록이다. 기존 최연소 기록은 17세 62일에 데뷔한 가비다. 라민 야말은 가비가 세운 최연소 기록을 거침없이 깨트렸다.

8 ──── 스페인 A대표팀 최연소 득점 ──── 2023. 9

주어진 기회를 놓치지 않았다. 73분 왼쪽 측면에서 니코 윌리암스가 올린 낮은 크로스를 라민 야말이 받아 강력한 왼발 감아차기로 해결했다. 조지아의 그물이 출렁이는 순간 스페인 A대표팀 최연소 득점 기록이 탄생했다. 16세 57일 라민 야말이 스페인 최연소 데뷔 기록을 세운 날 최연소 득점 기록도 썼다. 종전 최연소 득점 기록은 가비의 17세 304일이었다.

9 ──── UEFA 유로 2024 우승 ──── 2024. 7

이 대회는 라민 야말을 위한 대회였다. 유로 대회 최연소 출전, 최연소 도움, 최연소 득점, 최연소 경기 최우수 선수 그리고 최연소 우승까지 라민 야말은 말 그대로 할 수 있는 모든 것을 해냈다. 로드리가 대회 최우수 선수로 선정됐지만 이 대회에서 가장 인상 깊은 선수는 대회 영플레이어상 그리고 도움왕을 차지한 16세 라민 야말이었다.

10 ──── 코파 트로피 & 발롱도르 2위 ──── 2025. 9

발롱도르를 주관하는 프랑스 축구 잡지사 '프랑스 풋볼'은 한 해 최고의 활약을 펼친 21세 이하 선수에게 코파 트로피를 선사한다. 라민 야말은 2024년 이 상을 수상했다. 그리고 2025년 라민 야말은 무려 2위에 오르며 전 세계를 깜짝 놀라게 했다. 잊지 말자. 라민 야말의 나이는 고작 18살이다.

LAMINE YAMAL

PROLOGUE

우리가 이 소년을
주목해야 하는 이유

신성(新星)은 수소를 비롯한 물질들이 유입되면서 급격한 핵반응으로 폭발적으로 빛을 출출하다가 결국에는 소멸하는 별을 말한다. 초신성은 신성보다 에너지가 더 큰 별의 폭발을 의미한다. 그만큼 어마어마한 빛을 내며 우주를 밝힌다. 축구계에선 이 천문학 용어를 자주 볼 수 있다. 새로운 스타, 새로운 재능이 등장했을 때 우리는 이들을 신성이라 부른다. 이보다 더 뛰어난 선수는 초신성이라고 부른다.

지금까지 수많은 축구 선수들이 신성이라는 꼬리표가 붙었고 사라졌다. 이 중 대부분은 화려했던 불꽃을 유지하지 못했고 초라하게 사라졌다. 그러나 이 책에서 이야기할 라민 야말(Lamine Yamal)은 다르다. 2007년에 태어난 라민 야말은 만 18세다. 아직까지 신성이라는 단어도 어색할 만큼 어린 선수다. 그럼에도 라민 야말은 신성을 넘어 이미 초신성으로 불릴 만큼 특별한 존재가 되었다.

라민 야말은 15세라는 믿기 힘든 나이에 바르셀로나 1군 소집 명단에 포함됐고, 마침내 데뷔전까지 치렀다. 당시 라민 야말의 나이는 15세 290일. 라민 야말은 잠깐의 불꽃으로 사라지지 않고 스페인 라리가 최연소 선발, 최연소 라리가 득점, 최연소 라리가 도움, 최연소 리그 우승 등 계속해서 경이로운 기록들을 쓰며 세계 최고의 선수가 되고 있다.

라민 야말이 이렇게 특별한 이유는 무엇일까. 그의 뛰어난 재능도 큰 역할을 했겠지만 재능 하나로 이렇게 뛰어난 선수가 되는 건 불가능하다. 그것도 이렇게 어린 나이에. 결국은 천부적인 재능에 더해 이를 발전시킨 정교한 시스템이 이런 작품을 만들었다. 그 시스템이 바로 스페인을 넘어 전 세계 최고의 축구 아카데미 바르셀로나의 라 마시아(La Masia de Can Planes)다.

축구의 신 리오넬 메시를 비롯해 사비 에르난데스, 안드레스 이니에스타, 카를레스 푸욜, 세르히오 부스케츠, 조르디 알바, 세스크 파브레가스 등 세계 최고의 선수들이 라 마시아에서 탄생했다. 이곳은 어떤 특별함이 있을까. 땅속에 묻힌 수많은 재능들을 어떻게 발견하고 빛나게 만들었을까. 이 책에서는 라민 야말과 함께 라 마시아의 이야기를 주로 다룬다.

사실 처음 라민 야말에 대한 선수 시리즈 집필 요청이 들어왔을 때 많은 생각이 들었다. 이 어린 선수에 대해 무슨 이야기를 할 게 있을까. 지금까지 이룬 업적들은 분명 대단하지만 라민 야말은 고작 18살이다. 1군에 데뷔한 게 2023년 4월 29일 레알 베티스전이다. 다시 말하면 이제 축구 무대에 등장한 지 3년 정도 된 선수다. 이 어린 선수로 책을 한 권 써야 한다고? 맙소사!

지금까지 브레인스토어에서 출간한 선수 시리즈에서 파울루 벤투와 네이마르를 집필했다. 홍재민 기자와 함께 쓴 파울루 벤투는 이미 지난 2022 FIFA 카타르 월드컵까지 이룬 업적을 시간에 따라 서술했고, 처음으로 혼자 쓴 네이마르 역시 많은 성공을 거둔 세계 최고의 스타에 대해 이야기했다. 반면, 라민 야말은 이제 출발점에서 화려하게 달리기 시작한 어린 선수와 그를 성장시킨 라 마시아 시스템에 대해 다뤄야 한다.

이 책은 특별함에 대해 이야기하고 있지만 새로운 출발을 준비하고 있는 우리 주변의 사람들을 생각하며 썼다. 축구 선수를 꿈꾸는 어린 아이, 축구를 하지는 않지만 자신만의 미래를 보며 달려나가고 있는 아이들과 청년들 그리고 나이와 상관없이 설렘을 갖고, 새로운 도전을 준비하는 모든 이들에게 이 책이 새로운 도전에 힘이 되길 바란다. 훗날 이 책을 읽게 될 시환, 시윤에게도.

그럼 위대한 재능 라민 야말과 위대한 축구 아카데미 라 마시아의 이야기를 시작해 보자.

CONTENTS

The Future of Barcelona

The Future of Spain

La Masia, The Football Academy

The Future of

Barcelona

"
저는 아들이 태어났을 때
제 아들이 스타가 될 것이라는 걸 알고 있었습니다.
부모라면 누구나 알 수 있습니다.
또 모든 부모는 자신의 자녀가 최고가 되길 바랍니다.
"

— 라민 야말의 아버지 무니르 나스라위

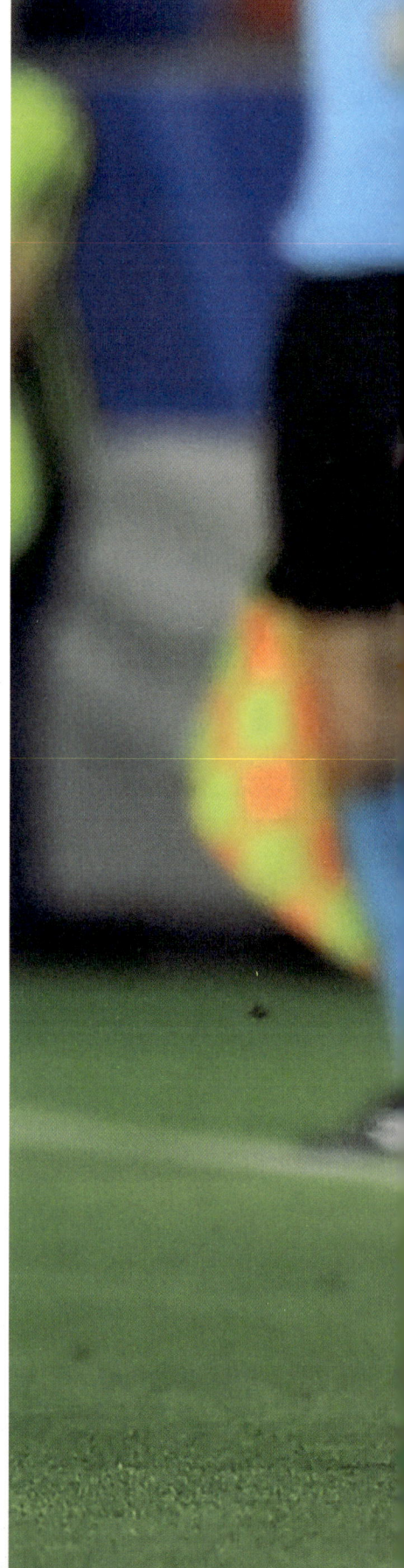

01

스페인 그리고
모로코와 적도 기니

2007년 7월 13일 스페인 카탈루냐 자치 지방 바르셀로나주에 있는
자치시 에스플루게스 드 요브레가트(Esplugues de Llobregat)에서
한 아이가 태어났다. 이름은 라민 야말 나스라위 에바나(Lamine
Yamal Nasraoui Ebana), 바로 우리가 알고 있는 그 라민 야말이다.
나스라위는 아버지 무니르 나스라위의 성, 에바나는 어머니 셰일라
에바나의 성이다.

모로코인 아버지와 적도 기니인 어머니 사이에서 태어난 라민 야말은
출생과 함께 3개의 국적을 갖고 태어났다. 일단 출생지 원칙을 따르는
스페인에서 태어나 스페인 국적을 얻었다. 모로코는 출생지 원칙이
있지만 혈통주의 규정도 있기 때문에 해외에서 태어나도 부모가
모로코인일 경우 모로코 국적을 갖게 된다. 적도 기니는 혈통주의를
따르고 있어 라민 야말은 스페인, 모로코, 적도 기니까지 총 3개의
국적을 갖고 태어났다.

라민 야말이 세 살 때 부모님은 이혼했다. 그 탓에 아버지가 있는 소도시 마타로와 어머니가 있는 중부 도시 그라놀레르스를 오가며 생활을 했다. 라민 야말이 주로 거주한 곳은 마타로에 있는 로카폰다라는 동네인데 이곳은 다문화 노동자 계층이 주로 거주했다. 부모님이 모두 이민자였던 라민 야말이 이곳에서 사는 건 특별한 일이 아니었다. 라민 야말은 이곳에 깊은 애정을 가지고 있다. UEFA 유로2024 4강 프랑스전 득점 후, 로카폰다의 우편번호 08304를 의미하는 숫자 304를 손가락으로 표현하며 골 세리머니를 했다.

라민 야말은 어린 시절부터 축구에 관심이 많은 아이였다. 그런데 그의 재능은 어릴 때부터 심상치 않았다. 라민 야말이 축구를 시작한 것은 4살 때 지역 클럽 CF 라 토레타에 들어가면서부터다. 이곳에서 라민 야말은 본격적으로 축구를 배웠고, 결국 2014년 6살 때 FC바르셀로나 스카우트에게 발탁돼 라 마시아에 들어가면서 바르셀로나와의 인연이 시작됐다. 라민 야말에게는 운명 같은 일이었다.

사실 라민 야말은 바르셀로나가 아니라 에스파뇰에 합류할 수도 있었다. 바르셀로나에 앞서 에스파뇰 입단 테스트를 받았는데 상당히 좋은 평가를 받았다. 라민 야말의 가치를 먼저 알아본 건 에스파뇰이었다.

> **"**
>
> 어릴 적, 부모님이 축구팀 등록비를 감당하지 못해서 어떤 클럽에도 가입하지 못했던 적도 있습니다.
> 그때는 다른 아이들과 함께 공원에서 놀거나 개들과 놀았습니다.
> 어느 날 CF 라 토레타의 감독님(이노센테 디아스)이 부모님께 무료로 클럽에 가입할 수 있다고 말씀하셨어요.
> 거기서부터 여정이 시작됐고, 이게 제 기회였습니다.
> 결국 바르셀로나에 합류하게 됐습니다.
>
> **"**
>
> _ 라민 야말

하지만 라민 야말의 운명은 에스파뇰로 향하지 않았다. 전설적인 스카우트 이스이드레 힐은 라 토레타의 운동장에 방문해 좋은 선수가 있냐 물었고 여기서 후안 가스콘 회장은 "여기 정말 잘하는 작은 흑인 아이가 있다"라며 라민 야말을 추천했다. 그리고 그 다음날 라 토레타는 6-0 대승을 거뒀고 스카우트 이스이드레 힐은 라민 야말이 바르셀로나에서 뛰어야 한다고 확신했다.

이후 라민 야말은 이들의 바람대로 바르셀로나 입단 테스트를 받게 된다. 그런데 라민 야말이 깜빡 잊고 자신의 축구화를 놓고 왔다. 6살 어린 아이들에게는 심심치 않게 발생하는 일이었다. 결국 바르셀로나 구단 측에서 발에 맞는 축구화를 빌려줬고, 그렇게 입단 테스트를 받을 수 있었다. 라민 야말은 함께 뛴 선수들보다 한두 살 어린 나이였지만 엄청난 기량을 뽐내며 가장 돋보이는 활약을 펼쳤다. 이 모습을 본 바르셀로나 측은 계속해서 훈련에 참여할 것을 요청했고 이후 공식적인 영입 의사를 전달하며 라민 야말과 바르셀로나의 동행이 시작됐다.

이 만남이 우리가 알고 있는 라민 야말의 출발점이다. 그리고 그 출발점에서 그는 이미 세계를 향해 달리기 시작했다.

음바페는 라민 야말을 넘기 위해 싸워야 할 것입니다.

라민 야말은 음바페보다 훨씬 나은 선수입니다.

음바페는 레알 마드리드와 계약을 할 것이기 때문에 많은 관심을 받고 홍보가 됐지만

미래는 라민 야말에게 달려있습니다.

6년 후 라민 야말은 발롱도르를 수상할 것입니다.

그는 리오넬 메시보다 낫습니다. 더 많은 조건들을 갖고 있습니다.

라민 야말은 메시와 호날두를 합친 모습입니다.

그가 16살의 나이에 한 일을 하는 건 결코 쉽지 않습니다.

— 라 토레타의 이노센테 디아스 감독

02

'축구의 신' 메시의 세례를 받은 아기

2007년 당시 20살이었던 장발의 리오넬 메시가 바르셀로나 캄프 누 라커룸에 쭈뼛쭈뼛 들어왔다. 이날은 바르셀로나 구단 재단과 카탈루냐 신문 '디아리오 스포르트(Diario Sport)' 그리고 유니세프가 공동으로 주관한 연례 자선 달력 사진 촬영 행사가 있는 날이었다. 메시를 비롯한 바르셀로나 선수들은 아이들과 다양한 포즈로 사진을 촬영했다. 메시는 생후 6개월된 아기를 플라스틱 욕조에 앉혀 목욕을 시켜주는 콘셉트의 사진을 찍었다. 이 사진은 프리랜서 사진작가인 호안 몬포르트가 캄프 누 원정팀 라커룸에서 촬영했다.

이제 막 성인이 된 20살 청년 메시에게는 아기를 안고 목욕을 시키는 일이 모두 낯설고 어려운 일이었다. 결국 아기의 어머니 셰일라 에바나가 메시 옆에 함께 사진을 찍기 시작하면서 촬영을 본격적으로 시작할 수 있었다. 메시는 이 아기를 씻기는 모습부터 수건으로 감싸 안는 모습까지 다양한 포즈로 촬영했다. 훗날 이 사진이 축구 역사에 어떤 의미를 갖게 될지, 이때는 아무도 예상하지 못했다.

라민 야말이 보여주는 것은 정말 인상적입니다.

그가 지금 하고 있는 일, 이미 해낸 일들 모두요.

그는 이미 스페인과 함께 유럽 챔피언이 되었습니다.

그는 아직 17살에 불과하고,

성장 과정에 있으며,

저처럼 앞으로도 계속 성장하면서

자신의 경기력에 새로운 것들을 더해갈 것입니다.

그는 놀라운 재능을 지녔고, 이미 세계 최고의 선수 중 한 명입니다.

— 리오넬 메시

메시가 어색하게 안고 있던 이 아기는 바로 라민 야말이었다. 이 사진은 라민 야말의 아버지 무니르 나스라위가 자신의 SNS에 '두 전설의 시작'이라는 글과 함께 올리면서 전 세계적으로 주목받았다. 그야말로 축구의 신 메시에게 받은 '세례'였다. 기독교에서 등장하는 단어인 세례는 물을 이용한 정화의식이자 기독교인으로 입문하는 사람이 과거의 자신을 버리고 새롭게 태어나는 과정이다. 이 당시 메시는 20살의 어린 유망주에 불과했지만 현재는 논쟁의 여지가 없는 축구의 신이 됐다. 라민 야말은 축구의 신의 세례를 받은 것이다. 그렇다면 어떻게 이런 사진을 촬영할 수 있었을까? 당시 라민 야말은 갓 태어난 아기였고, 가족들은 바르셀로나 구단과 아무런 관련도 없었다. 개인적으로 인연이나 운명 같은 걸 믿지 않지만 이런 일이 일어날 때면 우리가 모르는 무엇인가 있을 수 있겠다는 생각이 들기도 한다.

시작은 유니세프와 카탈루냐 신문 '디아리오 스포르트'가 주관한 자선 행사로, 바르셀로나 선수들과 지역 주민이 함께 달력 사진을 찍는 행사였다. 라민 야말의 가족은 이 추첨에 당첨되어 메시와 짝이 되었다. 훗날 이 사진을 찍은 호안 몬포르트는 당시 상황에 대해 자세히 이야기했다.

"이 사진은 찍기 어려웠어요. 이 사진을 찍기 위해 피와 땀을 흘렸다고 할 수 있습니다. 리오넬 메시는 지금도 수줍음을 타지만, 선수 생활을 시작하던 시절에는 훨씬 더 내성적이었어요. 그런데 그가 플라스틱

욕조에 물을 가득 채운 채, 아주 작은 아기와 함께 있는 겁니다. 그리고 그 아이의 엄마도 함께 있었어요. 처음에는 별다른 상호작용이 없었습니다. 모두에게 쉽지 않은 촬영이었어요. 하지만 조금씩 분위기가 풀렸고, 결국 꽤 좋은 사진이 나오게 됐죠."

"이건 정말 믿기 힘든 일입니다. 당시에는 아무도 이 아기가 지금의 라민 야말이 될 거라고 상상하지 못했을 거예요. 그리고 메시 역시 이후 세계 최고의 선수가 될 거라고 단언하기는 어려웠죠. 이런 일에는 운명이 중요한 역할을 하는 것 같습니다. 처음에 선수 명단이 주어졌어요. 달력의 각 달마다 다른 선수가 배정됐죠. 사진을 찍으려면 시간을 들여야 합니다. 하지만 보통 선수들은 빨리 끝내고 싶어 하죠. '자, 빨리 찍고 가자. 바쁘니까'라고 말하는 경우가 많습니다."

"특히, 두 사람이 서로 모르는 상태에서 찍는 사진이라면 더욱 어렵습니다. 한 명은 6개월 된 아기이고, 다른 한 명은 20살의 축구 선수인데 말이죠. 하지만 결국 좋은 결과물이 나왔어요. 아기 엄마의 도움이 컸습니다. 그녀의 존재 덕분에 아기가 낯설지 않도록 분위기를 맞출 수 있었죠. 저는 항상 따뜻하고 감성적인 사진을 원했어요."

"저는 항상 가족들에게 사진을 주고 싶었습니다. 그들에게 정말 기쁜 일이거든요. 선수들에게는 큰 의미가 없을 수 있지만, 아이들의 부모들은 엄청난 감동을 받죠. 어린 아기를 데리고 40km를 이동해서 바르셀로나까지 오고, 선수 도착을 기다리며 촬영까지 마치는 건 쉽지 않은 일이었을 겁니다. 이런 일이 일어날 확률은 거의 100만 분의 1이에요. 정말 대단한 행운이죠."

몬포르트는 아직까지 사진기자로 활동하고 있다. 현재는 마드리드에 본사를 둔 디아리오 아스(Diario AS)에서 활동을 하고 있다. 몬포르트는 처음에는 이 아기가 라민 야말이라는 걸 알지 못했다. 심지어 라민 야말이 꽤나 유명한 선수가 된 이후에도 그는 아무 것도 알지 못했다. 그 아이가 라민 야말이라는 사실을 알게 된 전 동료가 급히 말해줘 이 충격적인 사건을 알 수 있었다.

"디아리오 스포르트에서 함께 일했던 전 동료가 저에게 연락해서 '이 사진, 네가 찍은 거 맞아?'라고 물었어요. 그래서 '맞아'라고 답했죠. 그러자 그가 사진을 보내주면서 '이 아기가 누군지 알아?'라고 묻더군요. 처음에 저는 몰랐어요. 그러자 그는 '라민 야말이야, 라민 야말!'이라고 말하며 웃었습니다. 당시 편집부도 믿기 힘들어했어요. 그들도 이제야 깨달은 거죠."

"이 모든 일이 너무 놀라워요. 우리는 수많은 사진을 찍고, 그중 일부는 역사 속에 남아요. 하지만 라민 야말이 축구 선수가 되면서, 그리고 이 사진이 남아 있다는 사실이 정말 기쁩니다. 요즘 축구는 돈과 권력이 지배하는 경우가 많지만, 이런 이야기는 정말 따뜻한 감동을 줍니다."

마르타 세구 바르셀로나 재단 이사도 최근 메시와 라민
야말의 특별한 첫 만남에 대해 비하인드 스토리를 공개했다.
이 특별한 사진이 탄생하게 된 결정적 이유는 메시의
수줍음이었다.

"각 선수들은 아이 한 명과 함께 촬영장에 왔어요. 우리는
항상 인종, 배경, 나이, 성별 등 다양한 요소를 고려해
아이들을 선정하려고 했죠. 그때 메시가 담당한 달이 되어,
사진을 찍을 차례가 됐을 때 우리는 고민했어요. 메시는
당시 20살로, 아주 젊고 놀라운 재능을 가진 선수였지만,
동시에 굉장히 수줍음이 많았거든요. 그래서 우리 재단(사진
촬영을 주관하는 팀)은 메시를 아기와 짝을 짓기로 했어요.
메시가 워낙 내성적이었기 때문에, 아기라면 그냥 웃거나
살짝 만져주기만 해도 됐으니까요. 더 나이가 많은 아이와는
대화가 필요했겠지만, 아기라면 그럴 필요가 없었죠. 다른
선수들은 더 외향적이었지만, 메시는 그렇지 않았어요."

"아기의 엄마도 당시 아주 젊었고, 라민 야말은 약
6개월이었어요. 그는 아프리카계였고 프랑스어를 사용했죠.
우리는 '완벽하다, 이게 딱이다'라고 생각했어요. 그래서
사진 촬영을 준비했죠. 그 당시 저도 저만의 아기가 있었기
때문에, 우리 집 욕조를 가져왔고, 다른 팀원이 소품을
가져왔죠. 그리고 촬영을 위한 모든 준비를 마쳤어요.
그때는 그 아기에 대해 특별히 알지 못했어요. 그저
'라민'이라는 이름의 아기일 뿐이었죠. 메시가 수줍음이
많았지만 그래도 나이가 많은 아이보다는 아기와 더 잘
소통할 수 있었어요. 시간이 흐르고 나서, 엄마와 이야기를
나누다 비로소 그 사진에 함께 찍힌 아기가 바로 지금
모두가 주목하는 놀라운 재능의 선수, 라민 야말이라는 걸
알게 됐죠."

03

라 마시아의
특별한 보석

라민 야말은 7살에 바르셀로나 유소년 팀에 합류했다. 이후
바르셀로나의 축구 철학을 몸에 익히며 무섭게 성장했다. 하지만
스페인에서 태어난 라민 야말은 곧바로 라 마시아 기숙사에 들어가지
못했다. 라 마시아 기숙사는 수용 인원이 제한적이기 때문에 주로 해외
또는 카탈루냐 지역 바깥에서 온 선수들처럼 반드시 숙소가 필요한
선수들에게 우선 배정된다.
라민 야말은 바르셀로나에서 북동쪽으로 약 40분 거리인 마타로와
그라놀레르스 지역에서 자랐다.
축구에 전념하기에는 쉽지 않은 환경이었다. 우선 그의 아버지는
운전면허가 없었기 때문에 라민 야말을 훈련장이나 경기장까지 차로
데려다 줄 수 없었다. 따라서 대중교통을 이용하거나 때로는 라 마시아
코치들이 직접 차로 태워주곤 했다.

27

라민 야말이 12살이 되던 해 큰 변화가 생겼다. 바르셀로나 측에서 그의 재능이 특별하다는 것을 확신했고 라 마시아 기숙사에서 생활할 수 있는 기회를 제공했다. 당시 관계자는 "바르셀로나는 라민 야말의 상황을 인지한 후 즉시 라 마시아 기숙사에서 지낼 것을 제안했습니다. 그 덕분에 라민 야말은 더 나은 환경에서 성장할 수 있었습니다. 학교에 가기도 쉬웠고, 훈련도 수월하게 받을 수 있었으며, 오직 어린 선수로서 집중해야 할 것들에만 몰두할 수 있었죠"라며 상황을 설명했다.

라 마시아는 연령별, 실력별로 총 15개 등급으로 나뉘진다. 바르셀로나 프레벤하민(8세 이하)부터 시작해 벤하민(9-10세), 알레빈(11-12세), 인판틸(13-14세), 카데테(15-16세), 후베닐(17-19세)까지 다양한 연령별, 실력별로 팀이 나뉘진다. 여기에 성인팀으로 스페인 프리메라 페데라시온(3부 리그)에 참가하고 있는 바르셀로나 아틀레틱(B팀)까지 포함하면 총 16개팀이 존재한다. 라민 야말은 어릴 때부터 수시로 월반을 하며 다양한 팀에서 활약했다. 그가 라 마시아에서 보낸 10년은 누구보다 화려했다.

2014년 여름 라 토레타에서 바르셀로나 프레벤하민 팀에 합류한 이후 바르셀로나의 12개 팀을 거쳤는데 249경기에 출전해 357골을 넣었다. 유소년 시절인 걸 감안하고 봐도 정말 어마어마한 기록이다. 라민 야말은 7인제 축구에서 빛나는 재능을 뽐냈다. 호르디 폰트 감독이 이끌던 벤하민 A팀(9-10세)에서 그는 32경기에 출전해 무려 79골을 기록했다. 경기당 2.4골, 라민 야말은 아직 세공 전 보석이었지만, 이미 반짝이고 있었다.

라민 야말을 바르셀로나 유소년 팀에 영입한 인물은 호르디 로우라(Jordi Roura Solà)다. 그는 바르셀로나 1군에서 티토 빌라노바 감독의 수석 코치를 맡았던 사람이다. 그는 라민 야말에 대해 이렇게 기억하고 있다. 그는 "라민 야말이 프레벤하민 시절부터 대형 선수가 될 거라고 예측한 사람은 거짓말쟁이입니다. 하지만 알레빈에서 뛸 때는 확실히 남다른 선수라는 걸 깨달았습니다. 매우 특별한 재능을 가진 선수였죠"라고 말했다.

그의 말대로 라민 야말은 무섭게 성장했다. 카데테A(15-16세) 팀에는 동료들보다 한 살 어린 나이에 승격했는데 이반 카라스코 감독이 이끌던 팀에서 32경기 동안 20골을 넣었다. 바르셀로나는 그를 바로 후베닐A(17-19세)로 월반시켰다. 오스카 로페스 감독이 이끄는 후베닐A의 주축 선수로 활약한 라민 야말은 불과 15세 290일의 나이에 바르셀로나 1군 공식 데뷔라는 대기록을 세웠다. 바르셀로나 아틀레틱(B팀) 데뷔도 1군 경기 출전 이후에 이루어졌을 정도였다. 라 마시아 기숙사에 입소한 후 불과 3년 만에 1군에 데뷔다. 라 마시아 역사상 이렇게 빠른 월반은 리오넬 메시와 라민 야말뿐이다. 참고로 메시 조차도 라민 야말보다 늦은 16세 145일에 1군 데뷔전을 치렀다. 라민 야말이 라 마시아의 특별한 보석이자, 바르셀로나의 미래라 불리는 이유다.

라민 야말은 정신적으로 매우 성숙한 소년입니다.

그는 확고한 마인드를 가지고 있으며,

대부분의 동년배 선수들이 겪는 긴장감이나 부담을 크게 느끼지 않습니다.

하지만 점차 그는 감정적으로 한 단계 더 성장해야 한다는 것을 깨달았다고 생각합니다.

벤치에서 대기하다 경기에 뛰지 못하는 상황처럼

이전에는 경험해보지 못한 상황을 관리하는 법을 배워야 했죠.

그는 한 번도 벤치에서 경기를 시작한 후 끝까지 1분도 뛰지 못한 경험이 없었습니다.

그렇게 된다면 다른 동료들이 더 좋은 활약을 보였거나, 그가 필요하지 않은 상황이었을 수도 있죠.

15살 소년이 그런 상황을 정신적으로, 감정적으로 받아들이는 것은 쉬운 일이 아닙니다.

그런 점에서 우리는 그를 곁에서 도와주며 차근차근 적응할 수 있도록 지도해야 했습니다.

라민 야말이 14-15살 무렵, U-16 팀에서 뛰던 시절에도 대화를 나누면 내성적인 면이 있어 보였습니다.

하지만 경기장에서는 완전히 달랐습니다.

자신의 감정과 재능을 발휘하는 데 있어서 만큼은 외향적이었죠.

라민 야말은 차분하고, 신중하며, 겸손한 소년입니다.

__ 오스카 로페즈 후베닐A 감독

라민 야말의

249 GAMES 357 GOALS 전체 기록

FÚTBOL 7 — 151 GAMES 301 GOALS
7인제 축구

2014/15	프레벤하민	26 GAMES 25 GOALS
2015/16	벤하민C	30 GAMES 56 GOALS
2016/17	벤하민A	32 GAMES 79 GOALS
2017/18	알레빈C	29 GAMES 70 GOALS
2018/19	알레빈A	34 GAMES 71 GOALS

FÚTBOL 11 — 93 GAMES 56 GOALS
11인제 축구

2019/20	인판틸A & B	19 GAMES 13 GOALS
2020/21	인판틸A & 카데테B	16 GAMES 16 GOALS
2021/22	카데테A	32 GAMES 20 GOALS
2022/23	후베닐A & 바르셀로나 아틀레틱	26 GAMES 7 GOALS

라 마시아
기록

LAMINE YAMAL in La Masia

04

바이아웃 1조 5,900억 원

2023년 4월 29일 바르셀로나와 레알 베티스의 스페인 라리가 32라운드, 바르셀로나가 4-0으로 앞선 81분 앳된 소년이 등번호 41번을 달고 교체 투입을 위해 터치 라인에 섰다. 가비와 교체돼 경기장에 들어간 이 소년의 나이는 고작 15세 290일. 바르셀로나 역사상 리그 최연소 데뷔 신기록이었다. 관중들은 이 소년을 위해, 어쩌면 바르셀로나의 위대한 새 역사를 위해 뜨거운 박수를 보냈다. 라민 야말은 짧은 출전 시간에도 인상적인 활약을 펼쳤다. 85분 페널티박스 안에서 상대의 실수를 놓치지 않고 공을 빼앗은 뒤 슈팅을 시도했으나 골키퍼의 선방에 막혔다. 15살 소년이 바르셀로나 1군 데뷔전에서 대형사고를 칠 뻔했다. 끝이 아니었다. 라민 야말은 88분 절묘한 패스로 침투하는 우스만 뎀벨레에게 완벽한 찬스를 만들어줬다. 하지만 뎀벨레의 터치 미스로 기회는 살리지 못했다. 경기가 끝난 후 바르셀로나 선수들은 라민 야말을 안아주며 소년의 출발을 축복했다.

데뷔전부터 강한 인상을 남긴 라민 야말은 2023-24시즌
1군에 소집됐다. 라민 야말은 시즌 전부터 심상치 않았다.
바르셀로나의 전설 조안 감페르(1877-1930, 바르셀로나의
창립자, 초대 선수, 초대 주장)를 기념하기 위한 초청 대회인
조안 감페르 트로피에서 토트넘 홋스퍼를 상대로 믿기지
않는 활약을 펼쳤다. 여기서 라민 야말은 토트넘의 수비를
그야말로 탈탈 털었다. 팀이 1-2로 끌려가던 80분에 교체로
투입됐는데 1분 만에 페란 토레스의 득점을 도왔다. 이후
오른쪽 측면에서 세르히오 레길론을 바보로 만드는 기막힌
속임수 이후 패스를 내줬고 이를 받은 페란 토레스가 안수
파티에게 연결해 재역전골이 터졌다. 추가시간 막판에는
부상으로 의욕을 잃은 레길론을 가볍게 제친 후 쇄도하던
페르민 로페스에게 패스를 찔렀고 압데 에잘줄리의 쐐기골이
터졌다. 라민 야말은 약 10분 만에 3골에 관여하는 미친
경기력을 뽐냈다.
그리고 새 시즌이 본격적으로 시작했다. 라민 야말의 첫
경기는 2023년 8월 20일 몬주익 스타디움에서 열린 2라운드
카디스전(2-0 승리)이었다. 사비 에르난데스 감독은 라민

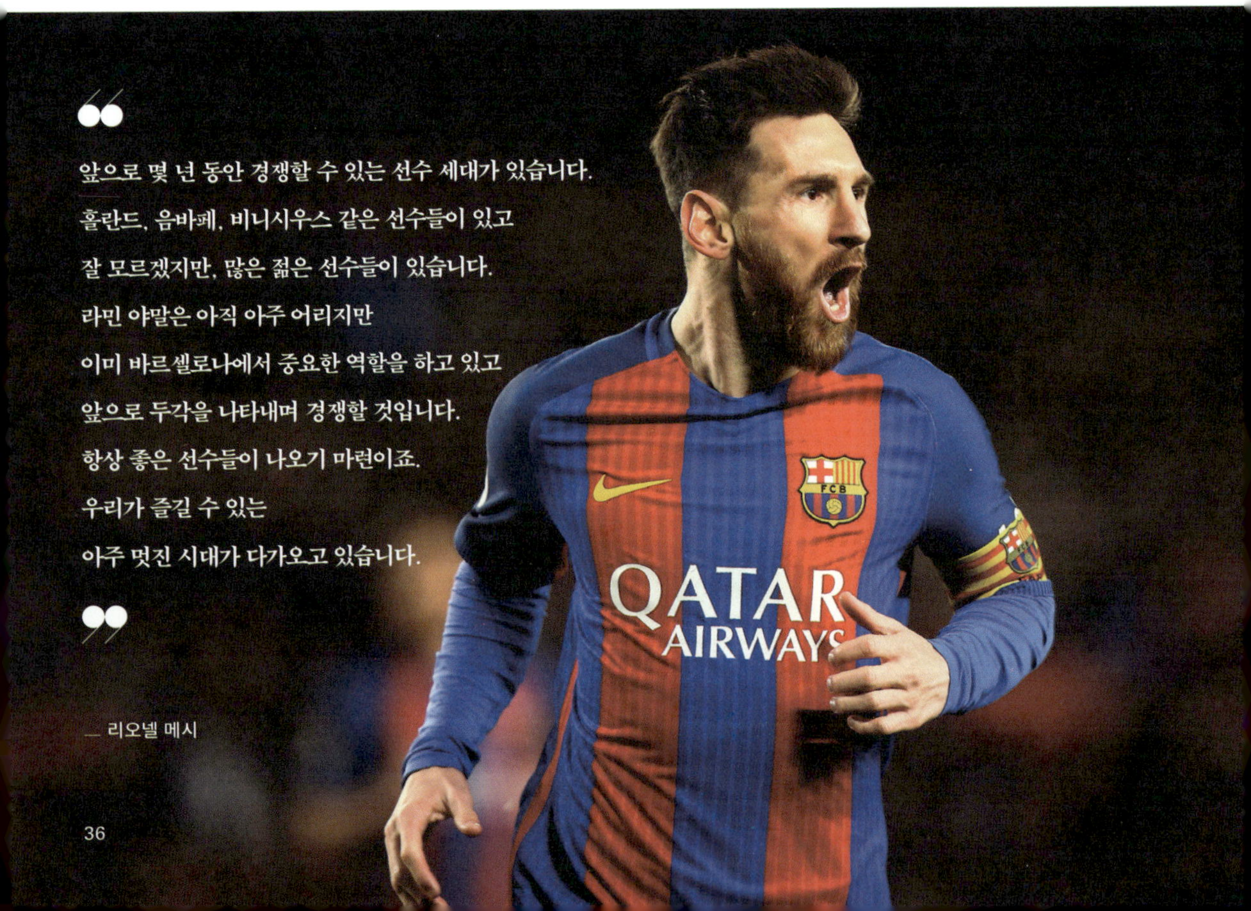

> 앞으로 몇 년 동안 경쟁할 수 있는 선수 세대가 있습니다.
> 홀란드, 음바페, 비니시우스 같은 선수들이 있고
> 잘 모르겠지만, 많은 젊은 선수들이 있습니다.
> 라민 야말은 아직 아주 어리지만
> 이미 바르셀로나에서 중요한 역할을 하고 있고
> 앞으로 두각을 나타내며 경쟁할 것입니다.
> 항상 좋은 선수들이 나오기 마련이죠.
> 우리가 즐길 수 있는
> 아주 멋진 시대가 다가오고 있습니다.

— 리오넬 메시

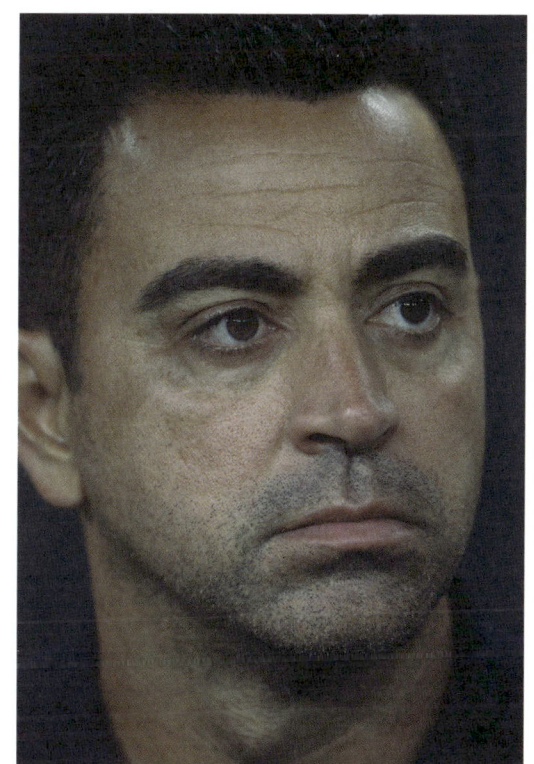

야말의 이름을 선발 명단에 넣었다. 이 선택으로 16세 38일 라민 야말은 스페인 라리가 역사상 최연소 선발 기록을 세우게 된다. 종전 기록은 16세 112일의 파브리스 올링가(말라가)다. 첫 선발 경기도 인상적이었다. 오른쪽 측면에서 활발한 돌파로 계속해서 수비수들을 괴롭혔다. 득점에 가까운 장면도 있었다. 수비수 실수를 틈타 페널티박스 안에서 슈팅을 날렸지만 골키퍼의 슈퍼세이브에 막혔다. 공격포인트를 기록하진 못했지만 경기 종료 5분을 남기고 교체되면서 팬들의 기립박수를 받았다. 경기가 끝난 후 사비 에르난데스 감독은 라민 야말을 이렇게 평가했다.

"라민 야말은 훌륭한 경기를 펼쳤습니다. 저는 그가 우리에게 많은 도움을 줄 수 있는 선수라고 생각합니다. 그는 변화를 만들어낼 수 있는 선수입니다. 그는 재능이 있고 오늘 자리에서 플레이는 매우 좋았습니다. 거의 골을 넣을 수도 있었습니다. 아쉽게 골을 넣지는 못했지만 우리에게 많은 도움이 됐다고 생각합니다. 이번 시즌 매우 중요한 선수가 될 수 있습니다."

라민 야말은 바로 다음 경기에서 새로운 역사를 썼다. 3라운드 비야레알전에 선발로 출전해 전반 11분 정확한 왼발 크로스로 가비의 헤더골을 도왔다. 이 기록은 라리가 최연소 도움 기록(16세 45일)이었다. 이후 골대를 두 번이나 맞추는 위협적인 활약을 한 그는 76분 박수를 받으며 벤치로 물러났다. 경기가 끝난 후 라리가 사무국은 16세 라민 야말을 최우수 선수로 선정했다. 바르셀로나 구단은 라민 야말이 팀의 미래임을 확신하고, 서둘러 재계약을 준비했다. 결국 2026년까지 재계약을 체결했고, 바이아웃으로 무려 10억 유로(약 1조 5,910억 원)를 책정했다. 사실상 어떤 제안이 와도 보내지 않겠다는 뜻이다. 라민 야말은 재계약에 응답이라도 하듯 자신의 데뷔골을 터뜨렸다. 9라운드 그라나다전에서 선발로 출전한 그는 전반 추가시간 주앙 펠릭스가 넘어지면서 찬 공을 빠르게 쇄도해 마무리하며 역사적인 첫 골을 기록했다. 자신의 바르셀로나 데뷔골이자 라리가 최연소 득점 신기록(16세 87일)이었다. 종전 기록은 말라가 소속으로 16세 98일에 골을 기록한 파브리스 올링가였다.

라민 야말의 폭발적인 성장은 계속됐다. 엘 클라시코 최연소 출전 신기록(16세 107일), 수페르코파 데 에스파냐(스페인 슈퍼컵) 준결승에서 오사수나를 상대로 대회 최연소 득점 신기록(16세 182일), 코파 델 레이 8강 아틀레틱 빌바오전에서 대회 최연소 득점 신기록(16세 195일)을 썼다. UEFA 챔피언스리그 16강 1차전 나폴리 원정에 선발로 출전해 챔피언스리그 녹아웃 스테이지 최연소 출전 신기록(16세 223일)을 썼다. 참고로 라민 야말은 UEFA 챔피언스리그 최연소 출전 기록을 쓰지는 못했다. 바로 보루시아 도르트문트의 유수파 무코코가 16세 18일로 제니트전에 출전해 최연소 신기록을 썼기 때문이다. 라민 야말은 앤트워프전에 출전해 16세 68일로 두 번째 최연소 기록을 갖고 있다. 물론 챔피언스리그 최연소 선발 출전 신기록(16세 83일)은 라민 야말이 갖고 있다. 지난 시즌 막판 1군에 소집된 것과 달리 2023-24시즌은 프리시즌부터 한 시즌 전체를 소화했는데 라민 야말은 다른 선수들에게 밀리지 않는 모습을 보였다. 하피냐, 페란 토레스보다 더 좋은 평가를 받으며 사실상 1군 첫 시즌을 성공적으로 보냈다.

LAMINE YAMAL
2023-24 SEASON

라리가
LALIGA

37 GAMES 5 GOALS 7 ASSISTS

STARTING LINEUP 21 GAMES
SUBSTITUTION 16 GAMES

챔피언스리그
UEFA CHAMPIONS LEAGUE

10 GAMES 2 ASSISTS

STARTING LINEUP 7 GAMES
SUBSTITUTION 3 GAMES

코파 델 레이
COPA DEL REY

1 GAME 1 GOAL

STARTING LINEUP 1 GAME

수페르코파
SUPERCOPA DE ESPAÑA

2 GAMES 1 GOAL

STARTING LINEUP 1 GAMES
SUBSTITUTION 1 GAMES

50 GAMES
7 GOALS 9 ASSISTS

05

세계 최고의 선수

현재 세계 최고의 선수는 누구일까. 리오넬 메시와 크리스티아누 호날두가 물러난 뒤 세계 최고의 선수 자리를 놓고 다양한 선수가 경쟁을 펼치고 있다. 2024-25시즌을 보면 우스만 뎀벨레, 하피냐, 노하메드 살라 능 화려한 스타늘의 활약이 기억에 남는다. 하지만 라민 야말을 빼놓고 2024-25시즌 유럽 축구를 이야기할 수 없을 것 같다. 라민 야말은 이번 시즌을 통해 자신이 왜 차세대 축구의 신으로 불리는지 증명했다. 라민 야말의 이번 시즌은 등번호 19번을 받으면서 본격적으로 시작됐다. 과거 리오넬 메시가 바르셀로나 1군으로 승격할 당시 받았던 번호다. 라민 야말은 개막전이었던 발렌시아전에서 레반도프스키의 득점을 도우며 기분 좋게 새 시즌을 출발했다. 2라운드 아틀레틱 빌바오전에서는 전반 24분 강력한 중거리 슈팅으로 시즌 1호골을 터뜨렸다. 돌아보면 이번 시즌은 시작부터 심상치 않았다. 라민 야말은 계속해서 리그에서 공격 포인트를 쌓았다. 거의 매 경기 공격 포인트를 올렸고 11라운드에 드디어 레알 마드리드와 엘 클라시코가 펼쳐졌다. 이 경기에서 라민 야말은 선발로 출전했다. 레알 마드리드 팬들의 함성이 가득한 산티아고 베르나베우에서 라민 야말의 활약은 빛났다. 레반도프스키의 멀티골로 2-0으로 앞선 76분, 라민 야말의 오른발이 번쩍였다. 왼쪽에서 가운데로 침투하던 하피냐가 내준 패스를 오른발 논스톱 슈팅으로 해결했다. 주발은 왼발이지만 찬스가 올 경우 오른발로도 뛰어난 결정력을 보여줬다. 이 득점으로 라민 야말은 엘 클라시코 역사상 최연소 득점자(17세 105일)가 됐다. 종전 기록은 17세 359일 안수 파티다. 이후 하피냐의 쐐기골까지 터지며 바르셀로나는 4-0 대승을 거뒀다. 라민 야말은 득점력만 성장하지 않았다. 자신보다 더 좋은 위치에 있는 선수에게 완벽한 도움을 주는 킬패스 능력도 성장했다. 6라운드 비야레알전, 12라운드 에스파뇰과 카탈루냐 더비에서 라민 야말은 아웃프런트 패스로 득점을 도왔다. 종종 보여줬던 아웃프런트 패스가 벌써 완성형에 도달한 모습이다. 16라운드 RCD 마요르카전에서도 아웃프런트 패스로 도움을 기록했다.

지금 이 순간, 세계 최고의 선수는 라민 야말입니다.
저는 이 선수를 정말 사랑합니다.
마치 완전히 다른 종류의 축구를 하는 것 같습니다.
라민 야말은
마치 28살 선수의 마인드를 갖고 있는 것 같습니다.
그런데 그는 고작 17살에 불과합니다.
정말 믿기지가 않습니다.
엄청난 순간,
엄청난 압박 속에서 내리는 결정들이
너무나 자연스럽습니다.

— 리오 퍼디난드

22라운드 알라베스전에서는 리오넬 메시가 떠오르는 환상적인 드리블이 나왔다. 전반 3분 오른쪽 측면에서 공을 잡은 라민 야말은 순간적인 속도로 상대 선수 2명을 제쳤고, 가운데로 침투했다. 뒤에서는 3명의 선수가 라민 야말을 추격했고, 앞에서도 2-3명의 선수가 드리블을 끊기 위해 달려들었지만 이미 탄력이 붙었다. 빠른 방향 전환과 몸싸움에서 밀리지 않는 모습으로 앞으로 밀고 나갔다. 마치 전성기 메시의 드리블을 보는 것 같은 장면이었다. 이후 라민 야말은 침착하게 하피냐에게 패스를 내주며 공격 상황을 마쳤다. 알라베스 선수들이 작정하고 달려들어도 공은 발에 붙은 것처럼 빼앗을 수 없었다. 하피냐의 슈팅이 빗나가 득점으로 연결되지 않았으나 이날 경기에서 가장 인상적인 장면이었다. 당연히 라민 야말은 계속해서 메시와 비교됐다. 진정한 제2의 메시라는 이야기는 끊임없이 나왔다. 그런데 라민 야말은 다른 선수들과 달리 이 말에 부담을 느끼지 않았다. 지금까지 수많은 선수들이 제2의 메시라는 이야기를 들었고 그 부담감을 이기지 못해 실패했지만 그는 달랐다. 라민 야말은 "길거리에서 뛰면서 저보다 나이 많은 사람들과 함께 축구를 하는 것에 대한 두려움이 사라졌습니다. 제가 11살이나 12살일 때 20살인 사람들과 축구를 했죠. 그 덕분에 두려움을 잊고 즐기면서 누구와도 경기를 할 수 있게 됐습니다. 저는 어려운 상황이 올수록 더 좋습니다. 쉽게 플레이하지 않는 것을 선호합니다. 메시와의 비교에 대해서도 가장 중요한 건 신경 쓰지 않는 것입니다. 역사상 최고의 선수와 비교된다는 것은 제가 제대로 하고 있다는 걸 의미합니다. 저는 크게 신경을 쓰지 않고 그저 라민 야말이 되려고 노력하고 있습니다. 가장 중요한 건 저의 업적을 남기는 것입니다"라고 말했다.

타인의 시선이 아닌 자신에게 집중한 라민 야말은 무섭게 성장했다. 그리고 35라운드 엘 클라시코전에서 또 다시 인생 경기를 펼쳤다. 1-2로 끌려가던 31분 페란 토레스가 살짝 내준 패스를 왼발 감아차기로 해결해 경기를 원점으로 돌렸다. 앞에 레알 선수 2명이 있었고, 골키퍼 티보 쿠르투아가 자리를 잡은 상황에서도 날카로운 왼발 슈팅은 그대로 레알의 골망을 흔들었다. 끝이 아니었다. 41분에는 특유의 왼발 아웃프런트 패스로 쇄도하던 하피냐에게 완벽한 찬스를 만들어줬지만 헤더는 골문을 벗어났다. 73분에도 결정적인 아웃프런트 패스가 나왔지만 하피냐의 슈팅은 이번에도 벗어났다. 결과적으로 1골을 기록한 경기였지만 슈팅, 패스, 드리블까지 모든 게 완벽한 경기였다. 라민 야말의 활약으로 바르셀로나는 4-3 짜릿한 역전승을 거뒀다. 그리고 36라운드 에스파뇰전에서 라민 야말은 바르셀로나에 우승 트로피를 선물했다. 52분 그림 같은 왼발 감아차기로 득점을 기록했다. 예리하게 날아간 슈팅은 옆그물을 출렁이게 만들었다. 이후 에스파뇰 팬들 앞에서 약간은 도발적인 세리머니를 하며 득점의 기쁨을 전했다. 79분에는 경합 과정에서 카브레라에게 복부를 가격당해 쓰러졌고 비디오 판독 끝에 퇴장이 내려졌다. 그리고 후반 추가시간 페르민 로페즈의 득점을 도우며 경기는 2-0 승리로 끝났다. 바르셀로나의 라리가 우승이 확정된 순간이었다. 이 경기에서 라민 야말은 경기 최우수 선수로 선정되며 팀의 우승을 이끈 선수로 기록됐다. 우승이 확정된 37라운드 비야레알전에서는 또다시 마법 같은 왼발 감아차기로 득점을 터뜨렸다.

리그 34경기 9골 13도움, 우승의 핵심 선수로 활약한
시즌이었다. 도움왕에 오른 라민 야말은 라리가 U-23
최우수 선수, 라리가 올해의 팀에 선정됐다.
UEFA 챔피언스리그에서 보여준 활약은 더욱 빛났다.
이번 챔피언스리그는 36개 팀이 참가하는 단일 리그로
개편된 후 첫 대회였다. 리그 페이즈 1라운드는 AS모나코
원정이었다. 27분 오른쪽 측면에서 가운데로 파고든 라민
야말은 정확한 왼발 슈팅으로 챔피언스리그 데뷔골을
터뜨렸다. 17세 68일로 챔피언스리그 역사상 두 번째로
어린 나이에 데뷔골을 성공시켰다. 최연소 득점 기록은
안수 파티의 17세 40일이다. 경기는 에릭 가르시아가
초반에 퇴장을 당한 탓에 수적 열세에 시달리며 1-2로
패배했다. 그리고 3라운드에서 독일의 거함 바이에른
뮌헨을 상대했다. 이 경기에서는 절묘한 패스로 하피냐의
득점을 도왔다. 경기도 4-1 완승으로 끝났다. 그리고
6라운드 보루시아 도르트문트진에서 눈부신 활약을
했다. 경기 초반부터 매서운 패스로 두 번의 완벽한
기회를 만들었던 라민 야말은 2-2로 팽팽하던 84분
절묘한 패스로 페란 토레스에게 기회를 제공했고 결국
결승골로 연결됐다. 라민 야말은 이 경기에서 경기 최우수
선수로 선정됐다. 8라운드 아탈란타전에서는 오른쪽
측면에 배치돼 경기 내내 위협적인 모습을 보였다. 결국
46분 하피냐의 패스를 받아 골키퍼까지 제친 후 득점을
터뜨리며 골맛을 봤다. 바르셀로나는 새롭게 변경된
챔피언스리그 포맷에서 강한 모습을 보였다. 8경기에서
6승 1무 1패를 기록하며 2위로 16강에 직행했다. 우승
후보로 평가받기 충분했다. 녹아웃 스테이지에서 처음
만난 상대는 포르투갈의 복병 벤피카였다. 원정에서 열린
16강 1차전에서 0-1로 힘겹게 승리한 바르셀로나는
홈에서 열린 2차전에서 자신들의 기량을 제대로 보여줬다.
그 중심에는 17살 라민 야말이 있었다. 전반 10분 간단한
슈팅 페이크 모션으로 수비수 2명을 속인 라민 야말은
반대편에서 쇄도하던 하피냐에게 정확한 패스를 전달해
선제골을 도왔다. 라민 야말의 동작 하나에 벤피카의
수비형 미드필더 플로렌티노 루이스가 허무하게 무너진
장면은 리오넬 메시가 2014-15시즌 UEFA 챔피언스리그
준결승 1차전 바이에른 뮌헨전에서 제롬 보아텡에게 일명
마취총을 선사한 굴욕 장면과 비슷했다. 그리고 26분
라민 야말은 오른쪽 측면에서 또 다시 가운데로 파고들기

시작했다. 그리고 가볍게 왼발로 툭. 날아간 공은 그대로 골망을 흔들었다. 너무나 쉬워 보였다. 축구가 이렇게 쉬운 것인지 의아할 정도로 라민 야말의 슈팅은 간결하고 완벽했다. 이 경기에서 17세 241일 라민 야말은 UEFA 챔피언스리그 역사상 최연소 한 경기 1골 1도움 기록 선수가 됐다. 종전 기록은 2014년 바젤에서 뛰며 루도고레츠 라즈그라드전에서 1골 1도움을 기록한 브렐 엠볼로의 17세 263일이다. 라민 야말은 웬만한 최연소 기록을 모두 박살내고 있다. 합계 스코어 4-1로 8강 진출에 성공한 바르셀로나는 보루시아 도르트문트를 다시 만났다. 경기 초반부터 라민 야말은 거침없이 달렸다. 전반 4분 묵직한 왼발 슈팅으로 골문을 두드렸고, 1분 뒤 플립 플랩으로 라미 벤세바이니를 가볍게 속인 후 직접 골문을 노렸다. 슈팅은 아쉽게 벗어났지만 라민 야말이 얼마나 자신감에 차 있는지 알 수 있는 장면이었다. 그리고 76분 왼쪽 측면에서 반대편으로 연결된 하피냐의 패스를 깔끔하게 해결하며 마침내 득점을 기록했다. 바르셀로나는 4-0 완승으로 경기를 마쳤다. 2차전에서는 전체적으로 부진했다. 라민 야말도 별다른 활약을 하지 못하고 70분에 교체됐고 팀도 1-3으로 패배했다. 다행히 1차전에서 4골을 기록해 합계 5-3으로 4강에 진출할 수 있었다.

챔피언스리그 4강전 상대는 리그 페이즈 8경기에서 단 1골을 내주며 최소 실점을 기록한 인터밀란이었다. 라민 야말은 이렇게 뚫기 힘든 인터밀란을 상대로 또 다시 인생 경기를 펼쳤다. 경기는 예상대로 쉽지 않았다. 전반 1분 만에 마르쿠스 튀랑에게 실점을 내줬고, 이어 20문 넨셀 눔쁘리스가 그림 같은 가위차기 슈팅으로 추가골까지 터뜨렸다. 이때 라민 야말이 등장했다. 23분 오른쪽에서 공을

잡은 라민 야말은 상체 페인팅 모션으로 미키타리안을 가볍게 속였고, 이후 페널티박스 안으로 침투 후 반박자 빠른 왼발 감아차기로 득점을 기록했다. 이번 대회에서 눈부신 선방을 보여줬던 얀 좀머 골키퍼도 발이 땅에 붙은 것처럼 공만 멍하니 바라봤다. 그리고 2분 뒤 라민 야말은 폭발적인 드리블로 페데리코 디마르코가 버티고 있는 오른쪽 측면을 무너뜨렸고, 과감한 슈팅으로 골문을 노렸다. 얀 좀머가 살짝 쳐내 슈팅은 골대를 때린 후 가까스로 밖으로 나갔다. 86분에는 재치 있는 슈팅으로 다시 한번 골대를 때렸고 경기는 3-3 무승부로 끝났다. 아름다운 경기가 끝난 후 인터밀란의 시모네 인자기 감독은 라민 야말을 콕 찍어 언급했다.

"가장 공격적이고, 전성기인 팀을 상대로 환상적인 선수들이 이곳에 와서 그런 경기력을 보여준 것에 대해 자랑스럽습니다. 바르셀로나에는 막기 어려운 선수 라민 야말이 있습니다. 우리는 잘 시작했지만, 전반전 마지막 25분 동안 그가 많은 문제를 일으켰습니다. 그는 제가 전에 직접 본 적이 없는 선수인데, 우리는 그를 2명으로 막아야 했습니다. 그는 50년에 한 번 나올까 말까 한 선수입니다. 오늘 정말 저를 감동시켰습니다."

2차전은 난타전이 펼쳐졌다. 결과는 모두가 알듯이 인터밀란이 4-3으로 승리해 합계 스코어 7-6으로 결승 진출에 성공했다. 라민 야말은 이 경기에서 공격포인트를 기록하진 못했지만 120분 동안 드리블 20번을 시도해 14번을 성공시키는 파괴적인 모습을 보여줬다. 총 9번의 슈팅을 시도해 골대를 한 번

때리는 등 위협적인 장면들을 만들었지만 아쉽게도 경기는 패배로 끝났다. 바르셀로나는 챔피언스리그 결승 진출에 실패했다. 하지만 라민 야말이 이번 시즌 보여준 활약은 경이로움 그 자체였다. 라민 야말은 UEFA 챔피언스리그 13경기에서 5골 3도움을 기록했고, 올해의 팀에 포함되며 최고의 시즌을 보냈다. 호날두와 함께 뛰었고 메시와 경쟁하며 치열했던 시대를 몸소 경험했던 웨인 루니는 17세 라민 야말의 활약을 보고 이런 이야기를 전했다.

"정말 믿을 수 없는 선수입니다. 바르셀로나는 이런 유형의 선수들을 배출했습니다. 당연히 메시와 호나우지뉴, 피구, 히바우두 같은 선수들 말이죠. 라민 야말이 가장 최근의 선수입니다. 제가 그에 대해 좋아하는 점은 전혀 두려워하지 않는다는 것입니다. 그는 수비수들을 몰아붙여 결정을 내리게 하고, 골 결정력에 있어서도 침착함을 가지고 있죠. 저는 그가 다음 주자라고 생각합니다. 지난 20년간 메시와 호날두가 있었는데, 그가 바통을 이어받을 선수입니다. 또 다른 세대입니다. 그는 함께 있으면 즐거운 사람 같고, 팬들이 이제 보고 싶어 하는 소셜 미디어 활동도 활발합니다. 가장 중요한 것은 그가 경기장에서 무엇을 하느냐라고 생각합니다. 만약 그가 지금 하는 일을 계속하고, 계속 발전한다면… 그는 슈퍼스타입니다. 라민 야말의 경기를 빨리 보고 싶습니다."

라민 야말은 수페르코파 데 에스파냐와 코파 델 레이 우승에도 큰 기여를 했다. 공교롭게도 두 대회 모두 결승전 상대는 레알 마드리드였다. 수페르코파 데 에스파냐 결승전에서 바르셀로나는 전반 4분 음바페에게 실점을 허용하며 0-1로 끌려갔다. 이 분위기를 바꾼 게 라민 야말이다. 21분 폭발적인 돌파 후 믿기지 않는 침착한 왼발 슈팅으로 경기를 원점으로 돌렸다. 이후 레반도프스키, 하피냐, 발데의 연속골이 쏟아지며 바르셀로나는 5-2 대승으로 우승에 성공했다. 라민 야말은 코파 델 레이 결승전에서도 2도움을 기록했다. 전반 28분 오른쪽 측면에서 수비들을 끌어당긴 후 정확하게 패스를 내줬고 이를 페드리가 해결하며 선제골이 터졌다. 이후 70분 킬리안 음바페, 77분 추아메니에게 연속골을 내주며 역전을 허용했다. 라민 야말은 다시 한번 번쩍였다. 84분 전방으로 쇄도하던 페란 토레스에게 패스를 찔렀고 토레스는 골키퍼를 제친 후 극적인 동점골을 터뜨렸다. 그리고 115분 쿤데의 결승골이 터지며 바르셀로나는 코파 델 레이 챔피언이 됐다. 2010-11시즌 이후 첫 엘 클라시코 결승전이었는데 당시에는 레알이 103분에 터진 호날두의 골로 1-0으로 승리했다. 바르셀로나는 이번 우승으로 14년 만에 복수에 성공했다. 바르셀로나는 한 시즌 레알과 4번의 맞대결을 펼쳤는데 여기서 모두 승리하는 압도적인 모습을 보여줬다. 이는 1982-83시즌 이후 42년 만에 나온 역대 두 번째 기록이다. 또 이 4경기에서 16골을 넣었는데 스페인 구단의 레알전 한 시즌 최다 득점 신기록이다. 단순히 기록만 남은 게 아니라 라리가, 코파 델 레이, 수페르코파 데 에스파냐까지 3개 대회에서 우승을 차지하는 도메스틱 트레블을 달성한 이 역사적인 시즌의 중심에는 17살 라민 야말이 있었다. 라민 야말은 2024년 발롱도르에서 8위에 올랐고, 최고의 활약을 한 21세 이하 선수에게 주어지는 트로페 코파를 수상했다. 2025년

발롱도르에서는 무려 2위에 올랐다. 파리 생제르맹의 트로피 수집을 이끌었던 우스만 뎀벨레가 정상에 올랐지만 나이를 고려한다면 라민 야말의 시대가 본격적으로 시작했다고 봐도 무방하다. 라민 야말은 또 다시 데뷔 후 최고의 시즌을 보내며 2024-25시즌을 마무리했다.

2025-26시즌에도 라민 야말의 화려한 플레이는 이어지고 있다. 시즌을 앞두고는 한국 팬들 앞에서 그의 특별함을 직접 보여줬다. 아시아 투어로 한국에서 FC서울과 대구FC를 상대했다. 수많은 팬들이 바르셀로나의 축구를 보기 위해 경기장을 찾았는데 가장 뜨거운 환호를 받은 건 라민 야말이었다. 2025년 7월 31일 서울월드컵경기장에서 열린 FC서울전에는 선발로 출전해 2골을 터뜨렸다. 전반 7분 역습 상황에서 시도한 슈팅이 골대를 때렸지만 레반도프스키가 해결하며 선제골에 기여했다. 그리고 전반 14분 문선민의 공을 빼앗은 라민 야말은 마법 같은 드리블로 측면에서 중앙으로 파고 들었고, 백힐 패스가 막히자 이를 재차 잡아 과감한 왼발 슈팅을 시도했다. 날아간 공은 골키퍼를 뚫고 골망을 흔들었다. 실수도 있었다. 25분 야민 야말이 김진수에게 공을 빼앗겼는데 이후 크로스, 조영욱의 득점으로 이어졌다. 자신의 실수로 인해 실점이 나왔지만 흔들림이 없었다. 결국 전반 추가시간 페널티박스 안에서 공을 잡은 라민 야말은 기막힌 터치로 김진수를 완전히 속였고, 이후 반박자 빠른 슈팅으로 추가골을 터뜨렸다. 나를 포함해 현장에서 경기를 지켜본 기자들도 라민 야말의 특별함에 헛웃음이 나올 정도였다. 나흘 뒤 대구월드컵경기장에서 열린 대구FC전에도 라민 야말은 선발로 출전했다. 전반 8분 득점으로 이어지지 못했지만 라민 야말은 폭발적인 드리블로 대구

우리는 항상 메시와 호날두를 이야기하곤 하지만

그들도 라민 야말의 나이 때는 이런 모습을 보여주지 못했습니다.

저는 지금 그가 하고 있는 걸 17살에 한 사람을 본 적이 없습니다.

저는 그가 둘 중 누구와도 닮지 않았다고 생각합니다.

그는 라민 야말입니다.

호날두는 초반에 속도와 리듬, 화려한 드리블이 장점이었지만,

라민 야말은 단순히 스피드가 장점인 선수가 아닙니다.

라민 야말이 만들어 나가는 리듬이 핵심입니다.

느렸다가 빠르다가, 다시 느려졌다가 갑자기 치고 나가는 플레이가 일품입니다.

마치 경기의 템포를 지휘하는 지휘자 같습니다.

또 그는 예술가입니다.

왼발잡이 선수들은 뭔가 특별한 게 있습니다.

그런데 야말은 그 특별함이 훨씬 더 뚜렷합니다.

그를 보는 것 자체가 즐거움입니다.

"

— -리오 퍼디난드

수비진을 무너뜨렸다. 측면에서 공을 잡은 그는 불규칙한 속도 변화로 수비수들을 당황시켰고, 슛 페이크 모션으로 골키퍼와 일대일 상황을 만들었다. 이후 나온 슈팅은 골문 위로 살짝 벗어났지만 '이것이 라민 야말'이라는 해설자의 멘트가 모든 걸 설명했다. 전반 20분 정확한 패스로 가비의 득점을 도왔고, 후반 시작과 함께 벤치로 물러났다. 저 어린 선수가 어떻게 축구를 저렇게 잘할 수 있을까. 라민 야말의 플레이를 직접 본 한국의 축구 팬들은 그의 특별함이 미래를 향한 기대감이 아닌 현재 세계 축구를 이끈다는 모습에 경악했다. 라민 야말은 새 시즌에도 좋은 활약을 이어가고 있다. 스페인 라리가 개막전이었던 RCD 마요르카전에서 1골 1도움을 기록, 상대 퇴장까지 이끌어내며 경기 최우수 선수로 선정됐다. 10라운드 레알 마드리드 원정에서는 레알 팬들의 거센 야유를 받으며 특별한 활약을 하지는 못했지만 거의 매 경기 공격 포인트를 쌓으며 레반도프스키, 하피냐와 함께 바르셀로나의 공격을 이끌고 있다. 사우디아라비아 제다에서 열린 2026 수페르코파 데 에스파냐 결승전에서는 뛰어난 드리블로 레알 수비를 무너뜨렸고 우승에 기여했다. 라민 야말의 마법 같은 활약은 2026년에도 계속되고 있다.

"

메시와 저는 이미 역사를 만들었고, 이제 라민 야말의 차례입니다.

그가 지금까지 보여준 것,

그렇게 어린 나이에

그렇게 많은 재능을 가졌다는 것은 특별합니다.

저는 그와 같은 선수들을 보는 것을 좋아합니다.

그들은 축구를 아름답게 만듭니다.

그가 우리와 같은 경력을 가질 수 있기를 바랍니다.

저는 모든 축구 선수가

자신만의 독특한 플레이 스타일을 가지고 있기 때문에

그런 종류의 비교를 좋아한 적이 없습니다.

중요한 것은 라민 야말이

제가 활동하던 시절이나 나중에 메시가 그랬던 것처럼

사람들에게 기쁨을 가져다주는 것입니다.

그가 지금까지 보여준 잠재력을 계속 이어가기를 바랍니다.

라민 야말은 발롱도르를 수상할 수준입니다.

세계에는 다른 위대한 선수들이 있지만, 그는 그들 중 한 명입니다.

그가 매우 어리다는 것이 놀랍지만,

발롱도르를 한 번이 아니라

여러 번 수상하며

역사를 만들 수 있습니다.

"

— 호나우지뉴

LAMINE YAMAL
2024-25 SEASON

라리가
LALIGA
34 GAMES 9 GOALS 13 ASSISTS

챔피언스리그
UEFA CHAMPIONS LEAGUE
13 GAMES 5 GOALS 3 ASSISTS

코파 델 레이
COPA DEL REY
5 GAMES 2 GOALS 5 ASSISTS

수페르코파
SUPERCOPA DE ESPAÑA
2 GAMES 2 GOALS

54 GAMES
18 GOALS 21 ASSISTS

라민 야말의
최연소 신기록

LALIGA 스페인 라리가

최연소 선발 출전 ——— 16세 38일
16세가 되자마자 바르셀로나의 카디스전에서 선발로 출전하며 스페인 라리가 역대 최연소 선발 기록을 세웠다. 특히 이 경기에서 득점까지 기록할 뻔했다는 점이 인상적이다. 2위는 말라가의 파브리스 올링가(16세 112일), 3위는 바르셀로나의 안수 파티(16세 318일)다.

최연소 도움 기록 ——— 16세 45일
데뷔 후 불과 일주일 만에 비야레알전에서 도움을 기록하며 어린 나이에도 팀 공격을 돕는 능력을 입증했다. 라민 야말의 완벽한 크로스를 가비가 마무리했다. 2위는 바르셀로나 선배 안수 파티의 16세 318일이다.

최연소 득점 ——— 16세 87일
그라나다 원정 경기에서 득점을 기록하며 라리가 역사상 가장 어린 선수로 골을 터뜨렸다. 말라가에서 뛰었던 파브리스 올링가(16세 98일)의 기록을 11일 차이로 앞섰다. 3위는 아틀레틱 빌바오의 이케르 무니아인의 16세 289일이다.

최연소 2골 ——— 16세 213일
바르셀로나와 그라나다의 3-3 무승부 경기에서 두 골을 기록했다. 칸셀루의 크로스를 받아 선제골을 넣었고, 이후 직접 공을 빼앗은 후 멋진 왼발 슈팅으로 2골을 완성했다. 2위는 2020년 2월 레반테전에서 2골을 넣은 안수파티(17세 94일)다.

EL CLÁSICO 엘 클라시코

최연소 출전 ——— 16세 107일
세계에서 가장 치열한 라이벌전인 엘 클라시코에 교체로 들어가 역대 최연소 출전 기록을 세웠다. 기존 최연소 기록은 바르셀로나의 비센스 마르티네스(16세 280일)인데 그는 선발로 뛰었다. 엘 클라시코 최연소 '선발 출전' 기록은 그가 보유하고 있다.

최연소 득점 ——— 17세 105일
레알 마드리드전에서 환상적인 오른발 슈팅으로 득점하며 역대 최연소 클라시코 골 기록을 경신했다. 기존 최연소 득점 기록은 1947년 3월 알폰소 나바로의 17세 356일이다. 3위는 안수 파티의 17세 359일이다.

COPA DEL REY 코파 델 레이

21세기 최연소 득점 ——— 16세 195일
스페인의 FA컵인 코파 델 레이(국왕컵)에서 '21세기' 기준 최연소 득점자가 됐다. 대회 전체 최연소 득점자는 CD 레가네스에서 뛰었던 사무엘 에투로 16세 184일이다.

UEFA 챔피언스리그 UEFA CHAMPIONS LEAGUE

바르셀로나 최연소 데뷔 —— 16세 68일
로얄 앤트워프전에 출전하며 바르셀로나의 UEFA 챔피언스리그 최연소 데뷔 선수가 됐다. 하지만 대회 최연소 출전 기록은 보루시아 도르트문트의 유수파 무코코(16세 18일)다.

최연소 선발 출전 —— 16세 83일
하지만 '선발 출전'으로 기준을 잡으면 라민 야말이 가장 빠르다. FC포르투와 경기에서 선발 출전하며 팀이 신뢰하는 선수임을 증명했다. 안더레흐트의 셀레스틴 바바야로(16세 86일)보다 3일 빠른 기록이었다.

최연소 도움 —— 16세 153일
2023-24시즌 로얄 앤트워프전에서 페란 토레스의 득점을 도우면서 UEFA 챔피언스리그 역사에 자신의 이름을 남겼다. 이 도움으로 2007-08시즌 보얀 크르키치의 17세 218일 기록을 넘어섰다.

최연소 녹아웃 스테이지 출전 —— 16세 223일
2023-24시즌 UEFA 챔피언스리그 16강 1차전 나폴리 원정에서 라민 야말은 선발로 출전해 녹아웃 스테이지 최연소 출전 기록을 세웠다. 단순한 교체 자원이 아니라, 이미 팀의 핵심 전력임을 보여줬다.

최연소 8강 출전 —— 16세 272일
라민 야말의 기록 행진은 계속됐다. 이번에는 챔피언스리그 8강 1차전 파리 생제르맹전에서 뛰며 또 다른 기록을 세웠다. 이 경기에서는 3-2로 승리했으나, 2차전에서 1-4로 패배해 4강 진출에는 실패했다. 종전 기록은 라얀 셰르키로 17세 2일이다.

최연소 한 경기에서 골 + 도움 기록
2024-25시즌 UEFA 챔피언스리그 16강 2차전에서 벤피카를 상대로 1골 1도움을 기록하며 팀의 3-1 승리를 이끌었다. 전반 11분 하피냐의 골을 도왔고, 27분에는 하피냐의 도움을 받아 골을 넣었다. 종전 기록은 2014년 루도고레츠전에서 나온 바젤의 브릴 엠볼로(17세 263일).

수페르코파 SUPERCOPA DE ESPAÑA

최연소 출전 —— 16세 182일
스페인 라리가 챔피언과 코파 델 레이 우승팀이 맞붙는 중요한 대회에서도 최연소 출전 기록을 세웠다. 2023-24시즌 준결승 오사수나전에 출전하며 안수 파티의 기록을 넘어섰다.

최연소 득점 —— 16세 182일
라민 야말은 오사수나전에서 최연소 출전과 동시에 최연소 득점까지 기록했다. 바르셀로나는 2-0으로 승리했는데, 후반 추가시간에 팀의 두 번째 득점을 터뜨렸다.

스페인 국가대표팀 SELECCIÓN DE FÚTBOL DE ESPAÑA

최연소 출전 —— 16세 57일
UEFA 유로2024 예선 A조 3차전 조지아전에서 전반 44분 교체 출전하며 스페인 대표팀 역사상 가장 어린 나이에 A매치에 데뷔하며 기대를 모았다. 기존 최연소 출전은 가비(17세 62일).

최연소 득점 —— 16세 57일
같은 경기에서 74분 라민 야말은 골까지 기록하며 대표팀에서도 최연소 득점 기록을 세웠다. 이번에도 가비의 기존 기록(17세 304일)을 갈아치웠다.

최연소 출전 ── 16세 339일

스페인의 유로2024 첫 경기인 크로아티아전에 선발로 출전하며 역대 최연소 출전 기록을 세웠다. 이전 기록은 유로2020에서 나온 폴란드의 카츠페르 코즈워프스키(17세 246일).

최연소 도움 기록 ── 16세 339일

라민 야말은 단순히 출전만 한 선수는 아니었다. 크로아티아전에서 팀의 세 번째 득점인 카르바할의 골을 도와 또 다른 기록을 세웠다.

최연소 녹아웃 스테이지 출전 ── 16세 354일

유로2024 16강 조지아전에 선발로 출전하며 최연소 녹아웃 스테이지 출전 기록을 썼다. 이 경기에서 파비안 루이스의 득점을 돕기도 했다.

최연소 득점 ── 16세 362일

유로2024 준결승 프랑스전에서 유로 대회 역사상 가장 어린 나이에 득점을 올렸다. 기존 기록은 유로2004 조별리그 프랑스전에서 나온 스위스의 요한 볼란텐(18세 141일)이다. 같은 대회에서 웨인 루니가 18세 237일로 최연소 득점 기록을 썼지만 불과 4일 만에 새로운 기록이 써졌다.

최연소 결승전 출전 ── 17세 1일

나이에 상관없이 라민 야말은 스페인에 반드시 필요한 선수였다. 결국 결승전에 선발 출전했고, 46분 팀의 선제골인 니코 윌리암스의 골을 도왔다. 기존 기록은 유로2016에서 나온 포르투갈의 헤나투 산체스(18세 328일).

최연소 결승전 도움 ── 17세 1일

라민 야말은 결승전에서 니코 윌리암스의 골을 도왔는데 이는 결승전 최연소 도움 기록이다. 이 도움으로 대회에서 4도움을 쌓아 도움왕에 등극했다.

최연소 메이저 국제대회 우승 ── 17세 1일

17번째 생일 바로 다음 날, 최연소로 유럽선수권 우승을 경험하며 유럽 정상에 올랐다. 1958년 펠레가 FIFA 스웨덴 월드컵에서 우승하며 세운 최연소 메이저대회 우승 기록(17세 249일)도 넘어섰다.

최연소 월드 베스트11 선정 ── 18세 114일

국제축구선수협회(FIFPRO)는 2025년 11월 월드 베스트11을 발표했다. 여기서 라민 야말은 18세 114일이라는 역대 최연소 나이로 공격수 부문에 이름을 올렸다. 2018년 당시 19세에 선정됐던 킬리안 음바페의 기록을 1년이나 앞당겼다.

YOUNGEST NEW RECORD
LAMINE YAMAL

라민 야말은 왜 막기 어려울까?

> "
> 라민 야말의 플레이를 보는 것은
> 전성기 리오넬 메시를 보는 것 같습니다.
> 그가 공을 잡으면 경기장 전체가 멈춘 것처럼 보입니다.
> 모두가 그가 무엇을 할지 그저 기다립니다.
> "

— 제이미 캐러거

COLUMN 라민 야말은 2007년생 열일곱의 어린 선수다. 2022-23시즌 1경기 출전을 제외하면, 프로 무대에서 뛰기 시작한 지 이제 2년차에 불과하다. 신체 조건도 180cm, 72kg으로 특별히 크거나 작지 않다. 하지만 경험이 많은 상대 수비수들도 라민 야말 앞에 서면 허무하게 무너진다. 이렇게 어린 나이에 평범한 체격임에도 불구하고 라민 야말은 어떻게 세계 최고의 선수로 활약하며 상대 수비를 무너뜨릴 수 있을까?

라민 야말의 장점은 여러 가지가 있다. 그중 가장 큰 장점은 좁은 공간에서도 상대 수비 여러 명을 따돌릴 수 있는 훌륭한 드리블 능력이다. 어떤 순간에는 전성기 리오넬 메시가 떠오를 정도로 빠른 발재간과 방향 전환 능력을 보여주며 수비수가 예상하기 어려운 플레이를 펼친다. 공을 빼앗기 위해 달려드는 순간, 라민 야말은 이를 미리 알고 반대 방향으로 움직이며 공 자체를 건드릴 수 없게 만든다.

순간 가속력과 민첩성도 세계적인 수준이다. 밸런스도 좋아서 수비수가 접근하기 전에 치고 나가는 플레이를 자주 보여준다. 특히 측면에서 공을 잡았을 때 빠르게 돌파하는 능력이 탁월해 슈팅이나 크로스로 연결되는 기회를 스스로 창출할 수 있다. 라민 야말이 공격 포인트를 쌓는 장면을 보면 대부분 측면에서 시작된다. 이후 중앙으로 파고들며 최적의 수를 파악하고 슈팅 혹은 패스로 골에 가장 가까운 선택을 한다. 빠른 스피드와 민첩성은 라민 야말의 천재적인 창의성을 만드는 핵심 요소다.

창의적인 플레이 메이킹 능력도 라민 야말의 큰 장점 중 하나다. 라민 야말은 단순히 스피드만 빠른 선수가 아니다. 패스 센스와 경기 운영 능력이 뛰어나 측면 공격수는 물론 중앙에서 플레이 메이커 역할도 할 수 있다. 이 부분에서 축구의 신 리오넬 메시와 상당히 비슷하다. 단독 돌파뿐만 아니라 적절한 타이밍에 패스를 찔러줄 수 있어 수비가 한쪽으로 몰리면 다른 옵션을 활용할 수도 있다. 폭발적인 움직임을 가져가는 동시에 라민 야말의 두뇌는 끊임없이 경기장 상황을 파악하고 있다. 이런 경기 데이터들이 쌓여 전성기가 찾아왔을 때 그가 어떤 플레이를 보여줄지 벌써부터 기대가 된다.

왼발 킥이 워낙 정교하고 강해서 크로스나 슈팅 모두

위협적이다. 특히 감아차는 슛이 위력적이라 수비수 입장에서는 돌파를 막는 동시에 슈팅 각도까지 내주지 않아야 한다. 슈팅 기회를 허용한다면 활처럼 휘어지는 슈팅이 골키퍼의 커버 범위를 넘어 그대로 골망을 흔들게 될 가능성이 높다. 2024-25시즌 라리가 35라운드 엘 클라시코에서 나온 왼발 감아차기 득점이 바로 그런 장면이다.

라민 야말의 다리를 보면 크리스티아누 호날두 같은 근육질의 형태보다는 슬림한 모습에 가깝다. 그럼에도 슈팅 파워는 보통 선수들보다 강하다. 발목 힘이 좋아 감아차기 능력이 뛰어나지만, 때로는 골키퍼의 머리 위쪽을 보고 강하게 찬 슈팅이 순식간에 골문으로 빨려 들어간다. 그리고 최근에는 상당히 정교한 왼발 아웃프런트 패스들이 나오고 있다. 라민 야말은 앞으로 얼마나 더 많은 능력을 얻게 될까.

마지막은 강한 정신력이다. 어린 나이에도 불구하고, 큰 경기에서 주눅 들지 않고 오히려 긴장감을 즐긴다. 보통 이 나이 때 어린 선수들은 큰 경기에 투입되면 긴장감에 몸이 얼어붙지만, 라민 야말은 오히려 그런 긴장감을 즐기는 듯한 모습이다. 유로2024 결승전 활약을 보면 알 수 있다. 후반 1분 역습 상황에서 공을 잡은 야말은 수비수를 제친 후 침착하게 반대편에서 쇄도하는 니코 윌리암스에게 패스를 내줬고 귀중한 선제골을 도왔다. 어린 선수였지만 경험많은 선수처럼 침착하게 경기 운영을 할 줄 알아 어려운 상황에서도 무너지는 모습을 보기 어렵다.

여러 가지 장점들을 설명했는데 당연히 단점도 있다. 왼발을 주로 쓰기 때문에 오른발 능력이 비교적 아쉽다. 오른발 슈팅 기회에서도 왼발로 차기 위한 상황을 만드는데 이때 공격 흐름이 끊기기도 한다. 그래도 최근에는 오른발 기회가 왔을 때 과감하게 슈팅을 선택하고 있다. 나이를 생각하면 이런 단점들은 충분히 극복이 가능하다. 오히려 이런 단점들이 미래의 라민 야말을 더 무섭게 만드는 성장 동력이 될 수 있다. 라민 야말은 자신의 롤모델로 네이마르를 꼽으며 이렇게 이야기했다.

> **"**
>
> 리오넬 메시는 분명 역대 최고의 선수이고,
> 그의 활약을 보는 건 즐거운 일입니다.
> 하지만 제가 어렸을 때 우상은 네이마르였습니다.
> 그의 플레이 방식과 스타일 때문입니다.
> 저는 네이마르의 모든 영상을 봤고
> 그는 제가 경기장에서 새로운 것을 시도하도록
> 많은 영감을 주었습니다.
> 저는 바르셀로나와 스페인 대표팀에서
> 많은 것들을 이루고 싶습니다.
> 제가 매우 어리고, 이제 축구를 시작했고,
> 많은 걸 개선하고 계속 배워야 한다는 걸 잘 알고 있습니다.
>
> **"**

— 라민 야말

17세
라민 야말과 메시, 호날두 그리고 펠레

축구 역사에서 17세는 단순한 나이가 아니다. 어떤 선수에게는 아직 유소년 팀에서 성장할 시기고, 또 어떤 선수에게는 이미 세계 무대에 이름을 알린 순간이기도 하다. 2025년 바르셀로나의 신성 라민 야말이 17세의 나이로 1군 100경기 출전이라는 경이로운 기록을 세우며 전 세계의 주목을 받았다. 이 나이에 이토록 많은 경기를 소화한 선수는 전 세계 어떤 리그를 찾아봐도 보기 힘들다. 그렇다면 '축구의 신'이라 불리는 리오넬 메시, 크리스티아누 호날두, 그리고 '축구 황제' 펠레의 17세 시절은 어땠을까? 각 시대를 대표하는 이 슈퍼스타들의 10대 시절은 어떻게 달랐고, 또 어떤 점에서 닮아 있었을까?

먼저 라민 야말을 살펴보자. 2007년생으로, 바르셀로나 라 마시아가 배출한 역대급 유망주다. 2023년 4월, 만 15세 290일의 나이로 바르셀로나 1군 데뷔전을 치르며 구단 역대 최연소 기록을 갈아치웠다. 이후 2024-25시즌까지 1군에서 주전 윙어로 활약하며, 단 17세에 100경기 출전, 25골 34도움이라는 놀라운 스탯을 남겼다. 특히 라리가 역사상 최연소 선발(16세 38일), 최연소 득점(16세 87일), UEFA 챔피언스리그 최연소 골+도움(17세 241일), 스페인 대표팀 최연소 출전 및 득점(16세 57일), 유로 대회 최연소 출전(16세 338일) 등 각종 최연소 기록을 갈아치웠다. 최연소 기록은 너무나 많아서 따로 정리가 필요할 정도도. 2025년 6월 기준, 국제스포츠연구소(CIES)에 따르면 라민 야말의 시장가치는 4억 230만 유로(약 6,200억 원)로 세계 1위다. 그의 가치를 알려주는 천문학적인 숫자만 봐도 라민 야말이 세계 최고의 유망주이자 바르셀로나의 중심 선수인 것을 쉽게 확인할 수 있다. 그가 보여주는 경기력은 단순한 '어린 선수의 돌풍'이 아니라, 이미 세계 최고 수준에 가깝다.

'축구의 신' 리오넬 메시의 17세는 라민 야말과 사뭇 달랐다. 2004년 가을, 17세의 메시가 바르셀로나 1군에 데뷔했을 때만 해도 그는 아직 '유망주'에 불과했다. 2004-05시즌, 1군에서 9경기 1골을 기록했지만, 주로 바르셀로나 B팀에서 경험을 쌓았다. 그러나 메시의 잠재력은 이미 라 마시아와 바르셀로나 내부에서 특급 재능으로 평가받고 있었다. 17세 331일에 알바세테와 홈경기에서 기록한 라리가 첫 골(2005년 5월 1일)은 이후 메

시가 세계 최고의 선수로 성장할 신호탄이었다. 후반 43분 호나우지뉴의 로빙 패스를 받은 메시는 차분하게 골키퍼를 넘기는 슈팅으로 전설의 시작을 알렸다. 골을 기록한 후 호나우지뉴의 등에 업혀 손을 흔드는 세리머니는 아직도 많은 축구 팬들의 기억 속에 있다. 메시의 10대 시절은 '폭발'보다는 '성장'에 가까웠다. 그가 이룬 업적은 누구보다 화려하지만 적어도 같은 나이 라민 야말과 비교하면 부족한 모습이다. 메시의 본격적인 주전 도약은 18-19세 이후였지만, 이미 17세에 세계 무대의 문을 두드리고 있었다고 볼 수 있다.

크리스티아누 호날두의 17세 역시 '성장'과 '적응'의 시기였다. 2002년, 17세의 호날두는 스포르팅 CP 1군에 데뷔해 25경기 3골을 기록했다. 포르투갈 리그에서의 경험은 그에게 큰 자산이 됐다. 호날두는 17세 시절부터 이미 주목받는 재능이었지만, 성인 대표팀 데뷔는 18세 이후였다. 17세의 호날두는 아직 세계적인 스타가 아니었고, 유럽 빅클럽의 스카우트들이 주목하는 원석 같은 존재였다. 본격적으로 세계 무대에서

이름을 알린 것은 알렉스 퍼거슨 감독의 선택을 받은 2003년 맨체스터 유나이티드 이적 이후였다. 즉, 호날두의 17세는 '준비'의 시간이었다. 메시와 마찬가지로 라민 야말과 비교하면 확실히 부족한 모습이다. 라민 야말이 100경기를 기록한 2025년 4월 기준으로 같은 17세 메시, 호날두와 기록을 보면 이를 확실히 알 수 있다. 라민 야말은 17세 292일에 바르셀로나에서 100경기에 출전해 22골 27도움을 기록했다. 반면, 메시는 바르셀로나에서 9경기 출전, 1골에 그쳤다. 호날두도 비슷하다. 19경기에서 5골 4도움을 기록했다. 단순한 기록 비교지만 라민 야말이 얼마나 위대한 시기를 보내고 있는지 알 수 있다. 물론 같은 100경기를 보면 메시가 더 위대하다. 메시는 20세 248일에 100경기를 치렀는데 41골 14도움을 기록하며 20대 초반부터 엄청난 스탯을 쌓았다. 호날두는 19세 348일에 100번째 경기를 뛰었고 13골 13도움을 기록했다.

라민 야말은 같은 나이의 메시와 호날두보다 월등히 뛰어난 모습을 보여줬다. 하지만 펠레라면 이야기가 조금

다를 수 있다. 축구 황제 펠레에게 17세는 축구 역사상 가장 전설적인 순간 중 하나다. 1958년 스웨덴 월드컵, 17세의 펠레는 브라질 대표팀의 주전 공격수로 출전해 8강전(웨일스전)에서 월드컵 최연소 득점(17세 239일), 4강전(프랑스전)에서 최연소 해트트릭(17세 244일), 결승전(스웨덴전)에서 2골(17세 249일)로 브라질의 역사상 첫 월드컵 우승을 이끌었다. 펠레는 17세에 이미 월드컵 6경기 6골, 브라질 대표팀 A매치 25골이라는 경이로운 기록을 남겼다. 당시에도 '축구의 왕'이라는 별명이 붙을 정도로, 펠레의 10대 시절은 신화 그 자체였다. 펠레의 100경기 기록은 공식 경기와 친선 경기의 기록이 뒤섞여 있는 그 시대 특성상 정확히 찾기 어려웠다. 그래도 어느 정도 확인은 할 수 있었다. 17세 펠레는 1958년 캄페오나투 파울리스타(상파울루 주립 리그)에서 58골을 기록했는데, 이는 단일 시즌 최다 득점 기록으로 아직도 깨지지 않고 있다. 이는 라민 야말, 메시, 호날두보다 훨씬 더 뛰어난 모습이다.

라민 야말, 메시, 호날두, 펠레의 17세 시절을 비교하면, 시대와 환경, 팀의 상황에 따라 성장 곡선이 크게 달랐음을 알 수 있다. 라민 야말은 현대 축구의 시스템과 과학적 육성, 그리고 바르셀로나의 과감한 신뢰 속에서 17세에 이미 100경기 이상을 소화하며, 각종 최연소 기록을 갈아치웠다. 메시는 17세에 1군 데뷔와 첫 골을 기록했지만, 본격적인 임팩트는 18-19세 이후였다. 호날두는 17세에 포르투갈 리그에서 경험을 쌓으며, 맨유 이적을 위한 준비를 했다. 펠레는 17세에 월드컵이라는 세계 무대에서 신화를 썼다. 펠레와 라민 야말은 17세에 이미 월드클래스의 임팩트를 남겼다는 점에서 닮아 있다. 다만, 펠레가 세계 최고의 대회인 월드컵이라는 '단일 대회'에서 신화를 썼다면, 야말은 100경기라는 '누적 경험'과 다양한 최연소 기록으로 현대 축구의 새로운 기준을 제시하고 있다. 둘 중에서는 펠레의 손을 들어야 할 것 같다. 전 세계 축구 팬들은 라민 야말이 앞으로 어떤 신화를 써내려갈지, 그리고 17세의 기록들이 어디까지 이어질지 흥미롭게 지켜보고 있다.

주요 선수들의

라민 야말

100경기 달성 시 나이
17세 292일
(2025년 4월 30일)

출전 시간
6,859분

공격포인트
22골 27도움

클럽 트로피
3개

바르셀로나
FC BARCELONA

리오넬 메시

100경기 달성 시 나이
20세 248일
(2008년 2월 27일)

출전 시간
6,747분

공격포인트
41골 14도움

클럽 트로피
5개

바르셀로나
FC BARCELONA

크리스티아누 호날두

100경기 달성 시 나이
19세 348일
(2005년 1월 19일)

출전 시간
5,785분

공격포인트
13골 13도움

클럽 트로피
2개

스포르팅 CP SPORTING CP
맨체스터 유나이티드
MANCHESTER UNITED FC

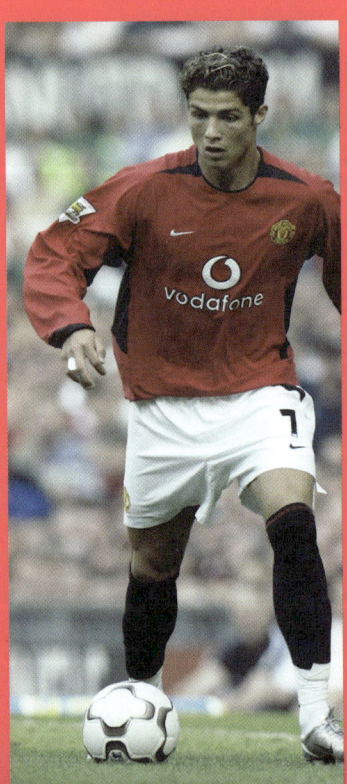

킬리안 음바페

100경기 달성 시 나이
19세 119일
(2018년 4월 18일)

출전 시간
6,410분

공격포인트
48골 29도움

클럽 트로피
3개

AS 모나코 AS MONACO FC
파리 생제르맹
PARIS SAINT-GERMAIN FC

엘링 홀란드

100경기 달성 시 나이
19세 212일
(2020년 2월 18일)

출전 시간
5,948분

공격포인트
60골 15도움

클럽 트로피
2개

몰데 FK MOLDE FK
레드불 잘츠부르크
FC RED BULL SALZBURG
도르트문트
BORUSSIA DORTMUND

네이마르

100경기 달성 시 나이
18세 251일
(2010년 10월 17일)

출전 시간
6,944분

공격포인트
48골 27도움

클럽 트로피
2개

상투스
SANTOS FC

The Future of

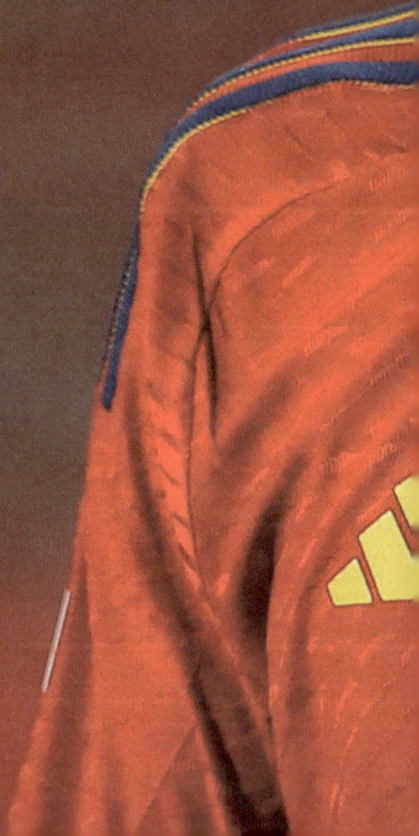

"

저는 항상 제가 원하는 것이 무언인지 알고 있었고,
의심의 여지가 없었습니다.
저는 유로 대회와 월드컵에서 뛰고 싶었고
그건 스페인에서만 할 수 있는 일이었습니다.
지금은 명확합니다.
저는 매우 행복합니다.

"

__ 라민 야말

Spain

01

스페인 A대표팀에 등장한 16살 소년

라민 야말의 천재성은 어린 시절부터 감추기 어려웠다. 2026년 1월 기준 현재 18살로 어린 선수에게 또 다시 '어린 시절'이라는 단어로 특정 시점을 이야기하는 게 쉽지 않지만 그의 특별한 재능을 설명하기 위해서는 이렇게 시작해야 할 것 같다. 현재 스페인 대표팀에서 라민 야말은 빼놓을 수 없는 선수가 됐다. 형식적인 말이 아니라 정말 불과 몇 년 전만 해도 이런 상황을 상상하지 못했다. 라민 야말이 가장 먼저 대표팀 유니폼을 입은 건 스페인이 아니라 카탈루냐다. 물론 카탈루냐 대표팀이 공식적인 국가 대표팀은 아니지만 카탈루냐 지역에서는 많은 의미를 갖고 있다.

카탈루냐 축구협회는 스페인에 있는 여러 지역 축구 협회 중 하나다. 스페인 왕립 축구협회에 소속돼 있기 때문에 FIFA나 UEFA 같은 축구 단체에 한 국가의 축구협회로 가입할 수는 없다. 당연히 FIFA 월드컵이나 UEFA 유로 대회에도 출전이 불가능하다. 현실적으로 1년에 한두 번 열리는 비공식 친선 경기만 가능하다. 그렇다면 카탈루냐 대표팀은 무슨 의미가 있을까. 카탈루냐 대표팀은 1905년 스페인의 주요 세력인 마드리드 세력을 포함해 스페인 중앙 정부에 불만을 품은 카탈루냐 지역 세력들이 독자적으로 대표팀을 만들면서 시작됐다. 바르셀로나의 최전성기 시절 많은 선수들이 카탈루냐 대표팀에 뛰면서 많은 주목을 받았다. 카탈루냐 대표팀은 단순히 대표팀이라는 시스템을 넘어 문화적, 역사적 억압의 굴레를 벗어나 그들의 독자적인 정체성을 인정받을 수 있는 유일한 수단이었다.

라민 야말은 그런 카탈루냐 연령별 대표팀에서 뛰었다.
11살에 주장으로 선임됐고, 이후 12세 이하, 14세 이하,
16세 이하 등 모든 연령별 대표팀에서 주장 완장을 차고
선수들을 이끌었다. 카탈루냐는 라민 야말이 뛰기에는 좁은
무대였다. 자연스럽게 스페인의 연령별 대표팀에 차출되며
라민 야말의 무적함대 커리어가 시작됐다. 라민 야말은
2023년에 열린 UEFA 유로피언 17세 이하 챔피언십에서
돋보이는 활약을 펼쳤다. B조 조별리그 슬로베니아전에서
대회 첫 골을 터뜨렸고, 이후 세르비아전 동점골, 8강
아일랜드전 쐐기골, 4강 프랑스전 선제골까지 4경기
연속골을 기록했다. 스페인은 4강에서 프랑스에 밀려
탈락했지만 라민 야말의 가능성을 확인한 대회였다. 라민
야말은 4골로 공동 득점왕에 올랐다. 이 모습을 본 당시
모로코 축구협회와 스페인 축구협회는 서로 라민 야말을
데려가기 위해 치열한 장외 맞대결을 펼쳤다. 처음에는
모로코 축구협회의 제안을 수락할 것 같았다. 하지만 스페인
축구협회가 파격적인 제안을 하며 라민 야말의 마음이
기울었고, 결국 스페인 대표팀의 유니폼을 입게 됐다.

모로코를 위해 뛰는 것을 선택하려고 했지만,

모로코 국가대표팀에서 공식적으로 뛰기 전에 기다리라는 말을 듣고 실망했습니다.

에이전트가 개입하여 제가 벤치에 앉는 것을 허락하지 않았습니다.

제가 대표팀에 기여할 부분이 많으니까요.

하지만 스페인을 선택하면 가장 가까운 대륙 토너먼트에서 공식 선수로 뛸 수 있었습니다.

여러 논쟁들은 언론들이 만들어낸 것이었습니다.

저는 항상 제가 원하는 것이 무언지 알고 있었고, 의심의 여지가 없었습니다.

저는 유로 대회와 월드컵에서 뛰고 싶었고 그건 스페인에서만 할 수 있는 일이었습니다.

지금은 명확합니다. 저는 매우 행복합니다.

— 라민 야말

훗날 알베르트 루케 스페인 축구협회 전 이사는 라민 야말과 그의 가족들이 모로코 축구협회로부터 압박과 위협을 받았다고 털어놨다. 그는 "라민 야말의 대표팀 선택은 간단한 문제가 아니었습니다. 모로코 감독이 그를 설득하기 위해 직접 찾아왔고, 모로코 정부도 그를 설득하려 했습니다. 우리가 모여서 이야기를 나눴을 때 라민 야말은 '저는 유럽 챔피언이 되고 싶습니다. 모든 곳에서 압박이 있지만 저는 스페인을 위해서 뛰고 싶습니다'라고 말했습니다. 이게 데뷔 전에 일어난 일들입니다"라고 말했다. 라민 야말 본인뿐만 아니라 가족들도 힘든 시간을 보냈습니다. 루케 전 이사는 "라민 야말의 아버지는 더 힘든 시간을 보냈습니다. 그는 모로코에서 자신을 죽일 거라고 말하기도 했습니다. 차마 말할 수 없는 이야기들을 했습니다. 듣지 않는 게 나을 정도였죠. 라민 야말이 가장 의지하는 사람은 그의 어머니입니다. 그녀는 저에게 '아들이 준비되었다고 생각해서 스페인 성인 대표팀에 포함시키고 싶은 거냐, 아니면 모로코에서 뛰는 걸 원하지 않아서 그러냐'고 물었습니다. 저는 모로코 대표팀 때문이 아니라 그가 매우 준비가 잘 되어 있기 때문이라고 거짓말을 하기도 했습니다"고 밝혔다.

어머니의 국적인 적도 기니는 스페인, 모로코와 달리 라민 야말의 대표팀 선택에 적극적으로 움직이지 않았다. 대신 베난시아 토마스 은동 미차 적도 기니 축구 연맹 회장은 "라민 야말이 적도 기니 대표 선수로 뛰지 않더라도 우리는 그를 마음속 깊이 간직하고 있습니다. 또 그가 적도 기니 축구를 위해 많은 일을 해낼 것이라 믿고 있습니다. 바르셀로나와 유로 대회에서 보여준 그의 엄청난 활약을 즐기고 있습니다. 그는 우리와 뿌리가 같으며 이는 우리가 훌륭한 축구 선수들을 배출한 나라임을 보여줍니다. 우리도 2021년에 그와 그의 가족들에게 연락을 했지만 이미 스페인 축구협회와 진전이 매우 있는 상황이었습니다. 하지만 우리도 노력은 했습니다. 우연하게도 제가 그 가족과 친한 친구였기 때문입니다. 특히 할아버지와요. 가족 모두가 그 아이에 대해 이야기를 하곤 했습니다. 그리고 그를 쫓는 모로코 사람들도 있었습니다. 하지만 스페인 사람들이 우리를 이겼습니다"라고 말했다.

험난했던 영입전이 끝나고 2023년 9월 1일 스페인의 A매치 명단에 16세 50일 라민 야말의 이름이 포함됐다. 루이스 데 라 푸엔테 감독은 확신을 갖고 있었다. 그는 명단 발표 후 기자회견에서 "라민 야말은 우리의 청소년 팀에서 든든한 지원자였으며 뛰어난 능력을 지닌 축구 선수입니다. 우리는 바르셀로나에서 그를 만났습니다. 그는 분명히 다릅니다. 우리는 선수의 나이가 아니라 능력을 봅니다. 그는 최고 수준에서 경쟁할 준비가 돼 있습니다. 그는 스페인의 미래에 매우 중요한 자산입니다"라며 발탁 이유를 설명했다.

데뷔전 기회는 일찍 찾아왔다. 9월 9일 유로2024 예선 조지아전 전반 44분 마르코 아센시오가 부상으로 쓰러지자 라민 야말이 선택받았다. 16세 57일, 스페인 역대 최연소 데뷔전의 순간이었다. 라민 야말은 데뷔전에 그치지 않고 데뷔골까지 터뜨렸다. 73분 측면에서 니코 윌리암스가 내준 낮은 크로스를 받아 정확한 왼발 슈팅으로 골망을 흔들었다. 크로스가 절묘하게 선수들 사이로 빠져나왔고 라민 야말은 이 기회를 놓치지 않았다. 역대 최연소 데뷔에 이어 역대 최연소 데뷔골의 신기록이 라민 야말의 왼발로 새로 써졌다. 기존 최연소 기록은 가비(최연소 출전 17세 62일, 최연소 득점 17세 304일)가 갖고 있었다. 이 득점은 유로 예선 경기 최연소 득점 기록도 됐다. 기존 기록은 17세 83일에 골을 넣은 웨일스의 가레스 베일이었다. 이후 키프로스전에서는 처음으로 선발로 출전하며 스페인 최연소 선발 신기록을 썼다. 첫 소집에 강한 인상을 남긴 라민 야말은 10월에도 대표팀에 소집됐지만 엉덩이 부상이 발생해 소집 해제됐다. 이후 11월 A매치에 소집돼 키프로스전에 선발로 출전, 득점을 터뜨리면서 자신이 단순히 미래를 위한 자원이 아니라 현재에 필요한 선수라는 걸 증명했다. 또 이 경기에 출전하면서

A매치 3경기를 달성해 영구적으로 스페인 국가대표가 됐다. 3경기 전이라면 다른 모로코나 적도 기니의 국가대표가 될 수 있었다.

유로2024 대회를 앞두고 라민 야말은 거침없이 성장했다. 2024년 3월 22일 콜롬비아와 평가전에서 교체로 출전한 그는 특별한 활약을 하지 못했지만, 나흘 뒤 브라질전에서는 선발로 뛰어 그야말로 자신의 인생 경기를 펼쳤다. 오른쪽 윙어로 선발 출전한 라민 야말은 전반 4분 측면에서 올라온 크로스를 호쾌한 슈팅으로 경기를 시작했다. 공은 골대 위로 크게 떴지만 가장 어린 라민 야말이 세계적인 선수들 사이에서도 전혀 기죽지 않았다는 걸 알 수 있는 장면이었다. 그리고 10분 라민 야말은 환상적인 드리블로 브라질의 수비수들을 당황하게 했고, 결국 주앙 고메스에게 태클을 당해 페널티킥을 얻어냈다. 로드리는 이를 가볍게 해결했고, 스페인 동료들은 라민 야말을 뜨겁게 안아줬다. 36분에는 다니 올모의 득점을 도왔다. 사실 이건 기록상 도움이지 올모가 환상적인 개인기로 만든 솔로 득점이었다. 그래도 라민 야말의 도움으로 기록됐다. 그리고 87분 결정적인 패스를 내줬고, 카르바할이 파울을 당해 페널티킥이 선언됐다. 로드리가 또다시 득점으로 연결하며 경기는 스페인이 3-2로 앞서게 됐다. 그러나 후반 추가시간 파케타가 극적인 동점골을 넣으며 경기는 3-3 무승부로 끝났다. 승자와 패자가 결정되지 못한 경기였지만 라민 야말이 얼마나 훌륭한 선수인지는 모두가 알 수 있는 경기였다.

3개월 뒤 루이스 데 라 푸엔테 감독은 유로 2024 본선에 참가할 26명의 명단을 발표했다. 그 안에는 16세 라민 야말의 이름도 당당히 포함돼 있었다.

감독	루이스 데 라 푸엔테 Luis de la Fuente

골키퍼 GK

1 다비드 라야 David Raya 1995.09.15 아스날 FC	13 알렉스 레미로 Álex Remiro 1995.03.24 레알 소시에다드	23 우나이 시몬 Unai Simón 1997.06.11 아틀레틱 클루브

수비수 DF

2 다니 카르바할 Dani Carvajal 1992.01.11 레알 마드리드 CF	3 로뱅 르노르망 Robin Le Normand 1996.11.11 레알 소시에다드	4 나초 페르난데스 Nacho Fernández 1990.01.18 알 카디시아 FC
5 다니 비비안 Daniel Vivian 1999.07.05 아틀레틱 클루브	13 알레한드로 그리말도 Alejandro Grimaldo 1995.09.20 바이어 04 레버쿠젠	14 에므리크 라포르트 Aymeric Laporte 1994.05.27 알 나스르 FC
22 헤수스 나바스 Jesús Navas 1985.11.21 세비야 FC	24 마르크 쿠쿠레야 Marc Cucurella 1998.07.22 첼시 FC	

UEFA 유로2024

6 미켈 메리노
Mikel Merino
1996.06.22
레알 소시에다드

8 파비안 루이스
Fabián Ruiz
1996.04.03
파리 생제르맹 FC

15 알렉스 바에나
Álex Baena
2001.07.20
비야레알 CF

16 로드리
Rodri
1996.06.22
맨체스터 시티 FC

18 마르틴 수비멘디
Martín Zubimendi
1999.02.02
레알 소시에다드

20 페드리
Pedri
2002.11.25
FC 바르셀로나

25 페르민 로페스
Fermín López
2003.05.11
FC 바르셀로나

7 알바로 모라타
ⓒ Álvaro Morata
1992.10.23
아틀레티코 마드리드

9 호셀루
Joselu
1990.03.27
레알 마드리드 CF

10 다니 올모
Dani Olmo
1998.05.07
RB 라이프치히

11 페란 토레스
Ferran Torres
2000.02.29
FC 바르셀로나

17 니코 윌리암스
Nico Williams
2002.07.12
아틀레틱 클루브

19 라민 야말
★ Lamine Yamal
2007.07.13
FC 바르셀로나

21 미켈 오야르사발
Mikel Oyarzabal
1997.04.21
레알 소시에다드

26 아요세 페레스
Ayoze Pérez
1993.07.29
레알 베티스 발롬피에

스페인 대표팀 명단

02

유로2024에 출전한 중학생

독일에서 열린 UEFA(유럽축구연맹) 유로2024는 프랑스와 잉글랜드 두 국가가 가장 강력한 우승 후보로 꼽혔다. 차세대 축구의 신 킬리안 음바페가 있는 프랑스와 황금세대를 보유한 잉글랜드 모두 우승 후보 자격이 충분해 보였다. 조 편성도 이들을 도왔다. 잉글랜드는 슬로베니아, 덴마크, 세르비아와 함께 C조에 포함됐고, 프랑스는 폴란드, 네덜란드, 오스트리아와 D조였다. 항상 등장하는 죽음의 조는 B조였다. 스페인, 크로아티아, 이탈리아, 알바니아까지 3강 1약의 구조로 이번 대회 최악의 조 편성이었다. 이때까지 스페인은 그리 주목받는 팀이 아니였다. 2022-23 UEFA 네이션스 리그에서 우승을 차지하긴 했지만 그리 비중이 있는 대회가 아니라 스페인은 다크호스 정도로 평가받았다. 하지만 정작 뚜껑을 열어보니 스페인은 우승 후보였다. 조별리그부터 무적함대 스페인의 항해는 거침없었다. 그 중심에는 16살 라민 야말이 있었다.

"
이번 대회 최연소 선수라서 무섭냐고요?
아니요!
결국 또 하나의 정보일 뿐이에요.
무섭지 않아요. 똑같이 플레이해요.
잘하는 것에 집중하려고 노력하고,
결국에는 그렇게 하는 게 저에게 도움이 될 거라고 생각해요.
제가 잘하는 게 있으면
제 나이 때문에 분명히 더 크게 부각될 테니까요.
도움이 될 뿐이라고 생각합니다.

"
___ 라민 야말

스페인의 교육 제도는 한국과 다소 다르다. 초등학교는 6년 과정인 건 동일하지만 중학교부터 달라진다. 스페인의 의무 중등 교육(ESO, Educación Secundaria Obligatoria)은 4년간(한국의 중학교 1학년부터 고등학교 1학년에 해당) 진행된다. 여기까지가 의무 교육이다. 16살 라민 야말은 유로2024 대회에 참가할 때 의무 중등 교육 마지막 학년에 재학 중이었다. 우리로 따지면 고등학교 1학년이 그렇게 큰 대회에 출전한 것이다. 축구도 중요하지만 학생이었던 라민 야말에게는 학업도 중요했다. 라민 야말은 대회 기간에도 학업을 병행했고, 스페인 의무 중등교육(ESO)을 성공적으로 마쳐 ESO 졸업장을 취득했다. 이 자격증은 스페인 중등 교육의 마지막 단계로 한국의 중학교 졸업장과 같다고 볼 수 있다. 라민 야말은 16강 조지아전을 앞두고 시험에 합격한 사실을 언론에 알렸다. 그는 "방금 훈련을 마치고 나왔는데 모든 게 잘됐다는 이야기를 들었습니다. 제 마지막 성적이요? 솔직히 휴대폰을 봤더니 합격했다는 화면이 나왔습니다. 그래서 바로 앱을 닫고 엄마한테 전화해서 말씀드렸습니다"고 밝혔다. 라민 야말의 대표팀 생활은 다른 선수들과 확실히 달랐다. 훈련이 끝난 뒤 태블릿 PC로 틈틈이 공부했다. 그는 동료들이 학교 숙제를 검사하냐는 질문에 "아닙니다. 저 혼자 공부를 하고 있는데 가끔씩 집에 가서 공부하라는 농담을 하기도 합니다. 생각보다 자유 시간이 많아서 할 일이 없을 때는 아이패드를 꺼내 숙제를 합니다. 그리고 니코 윌리암스와 페르민 로메스가 플레이스테이션을 하자고 부르면 같이 내려가기도 합니다"고 말했다.

그럼 정상에 오른 스페인의 여정을 살펴보자. 1차전부터 난적 크로아티아를 만났다. 그런데 경기는
생각보다 일방적이었다. 이 경기에 라민 야말은 오른쪽 측면 공격수로 선발 출전했다. 선제골은
스페인에서 나왔다. 전반 29분 파비안 루이스의 날카로운 스루 패스를 받은 알바로 모라타가 드리블
후 골키퍼와 일대일 상황에서 선제골을 터뜨렸다. 2분 뒤 이번에는 파비안 루이스가 직접 골망을
흔들었다. 페널티박스 정면에서 슈팅 페이크 모션으로 수비수를 연이어 제친 후 정확한 왼발 슈팅으로
추가골을 터뜨렸다. 크로아티아 선수들이 제대로 속았다. 그리고 전반 추가시간 라민 야말의 번뜩임이
나왔다. 코너킥 상황에서 라민 야말이 짧은 패스를 받았고 이후 정확한 왼발 크로스로 쇄도하던 다니
카르바할의 득점을 도왔다. 골키퍼와 수비수의 사이 공간 그 누구도 손을 쓸 수 없는 절묘한 곳으로
크로스가 올라왔다. 이 크로스로 16세 338일 라민 야말은 유로 대회 최연소 출전과 도움 신기록을 쓰게
됐다. 종전 기록은 유로2020에 나섰던 폴란드의 카츠페르 코즈워프스키로 17세 246일이다. 라민 야말은
여기서 멈추지 않고 51분 페드리의 패스를 받아 결정적인 슈팅을 날리며 최연소 득점 신기록까지 노렸다.
하지만 도미니크 리바코비치는 믿기지 않는 선방 능력을 보여주며 추가 실점을 막았다. 남은 시간은
크로아티아가 주도하며 만회골을 노렸지만 경기는 스페인의 3-0 완승으로 끝났다.

스페인은 2차전에서 이탈리아를 상대했다. 루이스 데 라 푸엔테 감독은 이번에도 16살 라민 야말을 선발로 기용했다. 오른쪽 측면에 배치된 라민 야말은 과감한 공격으로 이탈리아의 왼쪽 풀백 페데리코 디마르코를 꽁꽁 묶어 버렸다. 23분 패스를 받은 라민 야말은 중앙에서 간결한 드리블로 수비수들을 툭툭 제쳤고, 넘어지면서 패스를 내줘 모라타의 결정적인 슈팅을 도왔다. 슈팅은 골키퍼 선방에 막혔지만 라민 야말의 드리블이 얼마나 위협적인지 단번에 알 수 있는 장면이었다. 선제골은 54분에 나왔다. 윌리엄스의 크로스를 모라타가 머리로 뒤로 내줬는데 이게 리카르도 칼라피오리의 무릎에 맞고 골 라인을 통과했다. 스페인 입장에서는 행운이 따른 자책골이었다. 59분 라민 야말은 오른쪽에서 과감한 왼발 감아차기 슈팅을 시도하며 골문을 노렸다. 슈팅은 정말 아슬아슬하게 골문을 벗어났다. 아쉽게 골로 연결되지 않았지만 라민 야말은 팔을 위로 크게 휘두르며 팬들에게 응원을 부탁했다. 다시 말하지만 이때 라민 야말의 나이는 16살이다. 라민 야말은 71분 페란 토레스와 교체됐다. 이후 이탈리아의 거친 공격들이 나왔지만 스페인은 실점을 허용하지 않고 1-0으로 승리했다.

16강 진출이 확정된 스페인은 3차전 알바니아전에 로테이션을 가동했다. 라민 야말도 벤치에서 경기를 출발했다. 경기는 전반 13분 페란 토레스의 선제골이 결승골이 되며 1-0으로 승리했다. 라민 야말은 72분 페란 토레스와 교체돼 짧게 경기를 뛰었다. 이 결과 스페인은 3전 전승 무실점으로 16강에 진출했다.

"

스페인의 결승 진출을 도와 행복합니다.

이제 가장 중요한 건 우승 트로피를 들어 올리는 일입니다.

우리는 압박을 받았습니다.

왜냐하면 누구도 프랑스가 먼저 선제골을 기록할 것이라고

예상하지 못했기 때문입니다.

저는 공을 잡은 후 공간을 찾으려고 했고, 바로 슈팅을 때렸습니다.

정말 행복합니다.

하지만 무엇보다 제 꿈은 우승하는 겁니다. 정말 우승하고 싶어요.

이제 제 마음 속에 있는 유일한 목표는

(7/13, 결승 하루 전에 있는) 제 생일을 이곳 독일에서 보내는 것입니다.

팀과 함께 생일을 보낼 수 있어 정말 행복합니다.

"

— 라민 야말

대회 전 죽음의 조라는 평가가 무색하게 B조는 스페인이
압도적인 1강이었다. 이탈리아는 조 2위로 16강에 진출했고,
크로아티아는 생각보다 약했다. 알바니아는 예상대로 4위를
차지했다. 대회 전체적으로 보면 우승 후보로 평가받았던
프랑스와 잉글랜드가 생각보다 부진한 모습을 보여줬다.
이때부터 스페인의 우승 가능성을 점치는 사람들이 많이
나오기 시작했다. 스페인은 16강에서 F조 3위로 올라온
조지아를 만났다. 대진운이 상당히 좋았다. 경기는 예상대로
스페인이 압도했다. 전반 18분 로뱅 르노르망의 자책골이
나오며 조지아가 깜짝 선제골을 기록했지만 39분 로드리의
선제골을 시작으로 51분 파비안 루이스, 75분 니코
윌리암스, 83분 다니 올모까지 스페인이 계속해서 득점을
터뜨리며 조지아를 무너뜨렸다. 라민 야말은 선발로 출전해
풀타임을 소화했다. 50분 본인이 직접 만든 프리킥에서
결정적인 슈팅으로 골문을 두드렸고, 1분 뒤 예리한 왼발
크로스로 파비안 루이스의 득점을 도우며 대회 두 번째
도움을 기록했다. 상대팀들은 라민 야말에게 편안하게
크로스를 올릴 시간을 주면 안 된다는 걸 알게 됐다. 결국
스페인은 4-1로 8강 진출에 성공했다.

8강에서는 개최국 독일을 만났다. 어려운 경기가 예상됐고,
실제로도 그랬다. 라민 야말은 이번에도 선발로 출전했다.
큰 기복이 없는 라민 야말은 이번 경기에서 위협적이었다.
프리킥에서 깔아차는 슈팅으로 골문을 노려보기도 하고,
과감한 돌파로 수비수들을 괴롭혔다. 그리고 51분 정확한
패스로 다니 올모의 논스톱 슈팅 찬스를 만들어주면서
선제골을 도왔다. 수비수들이 예상하지 못한 방향으로
패스가 나오면서 대처할 수 없었다. 라민 야말은 63분 페란
토레스와 교체돼 벤치로 물러났다. 골이 필요한 독일은
공격적으로 경기를 운영했고 계속해서 위협적인 장면을
만들었다. 76분에는 니클라스 퓔크루크의 몸을 날린 슈팅이
골대를 때리기도 했다. 그리고 89분 플로리안 비르츠가
극적인 동점골을 터뜨리며 경기는 연장으로 이어졌다.
독일이 경기를 뒤집는 듯한 분위기로 흘러갔다. 연장 후반
105분 무시알라의 슈팅이 쿠쿠렐라의 팔에 맞는 장면이
나왔지만 주심은 페널티킥을 선언하지 않았다. 행운의
여신은 스페인을 보고 미소를 지었다. 결국 118분 다니
올모의 크로스를 미켈 메리노가 머리로 해결해 스페인을
4강으로 이끌었다. 120분의 혈투는 스페인의 승리로 끝났다.

천신만고 끝에 4강에 오른 스페인을 기다리고 있는 상대는
우승 후보 프랑스였다. 반대편에는 네덜란드와 잉글랜드가
결승행 티켓을 놓고 맞붙었다. 이번 경기는 라민 야말이
그야말로 인생 경기를 펼쳤다. 하지만 선제골은 프랑스에서
나왔다. 전반 8분 음바페의 빠른 크로스를 콜로 무아니가
머리로 해결해 스페인의 골망을 흔들었다. 코뼈가 부러지는
부상으로 마스크를 썼던 음바페가 마스크를 벗고 나와
귀중한 선제골을 만들었다. 이때 라민 야말이 등장했다. 20분
흘러나온 공을 잡은 라민 야말은 아드리앙 라비오를 가볍게
속인 후 엄청난 왼발 슈팅으로 득점을 터뜨렸다. 이 환상적인
슈팅은 모두를 경악하게 만들었다. 골대를 때리고 들어갈
만큼 날카로운 궤적에 몸을 날린 마이크 메냥 골키퍼도
어쩔 수 없었다. 이 득점으로 라민 야말은 대회 최연소 득점
신기록을 쓰게 됐다. 무려 16세 362일이라는 믿기 힘든
나이에 유로 대회 4강에서 프랑스를 상대로 귀중한 동점골을
터뜨렸다. 종전 기록은 유로2024에서 스위스의 요한
포란텐이 기록한 골로 당시 그는 18세 141일이었다. 기세가

오른 스페인은 곧바로 역전골까지 넣었다. 24분 헤수스 나바스의 크로스를 윌리엄 살리바가 머리로 걷어냈는데 이를 다니 올모가 잡았고 깔끔한 슈팅으로 경기를 뒤집었다. 경기는 순식간에 스페인의 2-1 리드로 흘러갔다. 80분 라민 야말은 다시 한번 과감한 왼발 슈팅으로 득점을 노렸지만 이번에는 골대 위로 벗어났다. 후반 추가시간 라민 야말은 스페인 팬들의 뜨거운 박수를 받으며 교체 아웃됐다. 그리고 경기는 스페인의 승리로 끝났다. 라민 야말은 경기 최우수로 선정이 됐는데 이 역시 유로 대회 역사상 최연소 신기록이었다.

결승에 오른 스페인은 또 다른 우승 후보 잉글랜드를 만났다. 모두가 예상한 우승 후보를 상대하는 건 쉬운 일이 아니었다. 라민 야말은 이번에도 오른쪽 측면 공격수로 선발 출전했다. 전반은 팽팽했다. 두 팀 모두 선제골을 넣기 위해 노력했지만 득점 없이 휘슬이 울렸다. 그리고 후반 시작과 함께 라민

야말의 발에서 선제골이 시작됐다. 오른쪽 측면에서 공을 잡은 라민 야말은 수비수들의 방해에도 공 소유권을 잃지 않았고 반대편에 있던 니코 윌리암스에게 정확한 패스를 내줬다. 그리고 나온 왼발 논스톱 슈팅이 조던 픽포드 골키퍼를 뚫고 골라인을 통과했다. 54분에는 라민 야말의 절묘한 스루 패스를 모라타가 받아 슈팅을 시도했지만 부정확했다. 65분에는 라민 야말이 직접 골문을 조준했지만 골키퍼 선방에 막혔다. 분위기가 이상하게 흘러가자 다급한 잉글랜드는 61분 해리 케인을 빼고 올리 왓킨스를 투입했다. 이어 코비 마이누도 빼고, 콜 파머가 들어왔다. 이 선택은 성공이었다. 73분 부카요 사카가 드리블 후 패스를 찔렀고, 이를 주드 벨링엄이 뒤로 내주자 콜 파머의 강력한 슈팅이 터졌다. 1-1, 경기는 다시 원점으로 돌아갔다. 81분 라민 야말은 결정적인 찬스에서 슈팅을 날렸지만 아쉽게도 골키퍼 정면으로 향했다. 대형사고를 칠 수 있었던 상황이었지만 슈팅은 밋밋했다. 그리고 85분 마침내 골이 터졌다. 웃은 쪽은 스페인이었다. 마르크 쿠쿠렐라의 후방 패스를 미켈 오야르사발이 몸을 날려 해결해 결승골을 기록했다. 남은 시간 잉글랜드는 총공세를 펼치며 다시 한번 동점골을 노렸으나 경기는 스페인의 승리로 끝났다. 스페인이 12년 만에 유럽 정상에 선 순간이었다.

대회 전 사람들의 큰 기대를 받지 못했던 스페인은 우승 후보들을 하나씩 침몰시키며 정상으로 향했고 결국 앙리 들로네 트로피까지 들어 올렸다. 7전 전승 우승, 스페인은 무적함대였다. 대회 최우수 선수는 로드리가 선정됐지만, 많은 사람들은 결승전 하루 전날 17살이 된 라민 야말을 더 주목했다. 교체로 나온 알바니아전을 제외하면 모든 경기에 선발로 출전했고, 7경기 모두 뛰었다. 그러면서 1골 4도움이라는 좋은 활약으로 대회 영플레이어상을 수상했고, 여러가지 최연소 신기록들을 썼다. 대회 최고의 골도 프랑스전에서 나온 라민 야말의 환상적인 왼발 감아차기 골이었다. 또 7경기에서 4개 도움을 기록하며 도움왕까지 차지했다. 독일에서 열린 유로2024는 마치 축구의 신의 자질을 가진 라민 야말을 위한 무대가 됐다.

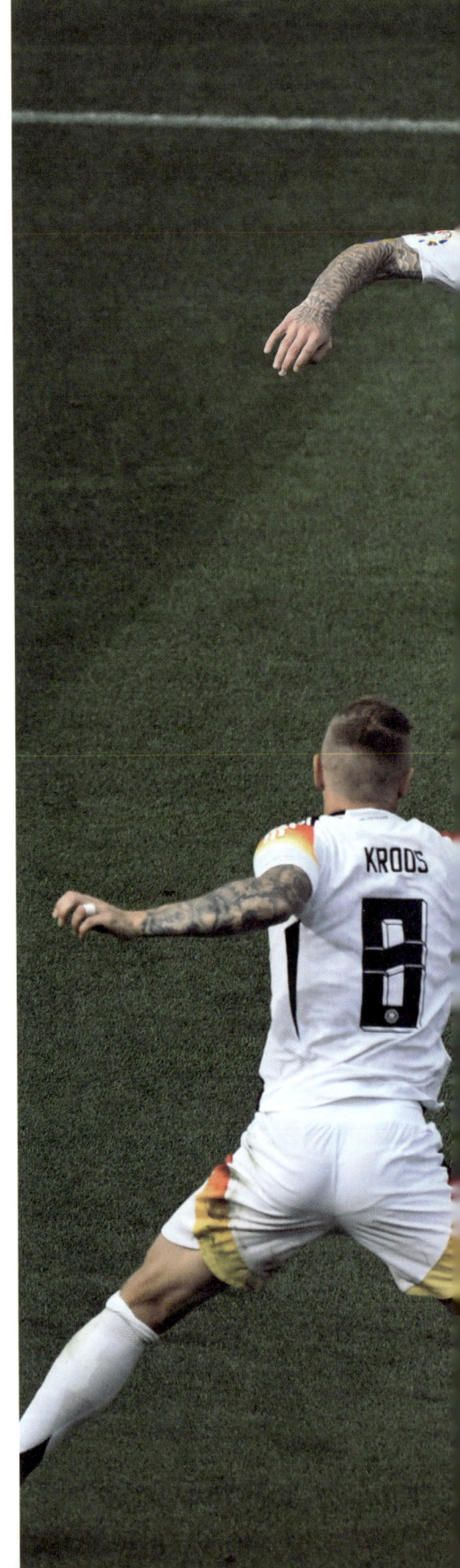

기록은 차치하고,

라민 야말에 대해 정말 놀라운 점은 그가 공을 다루는 방식입니다.

그의 의사 결정은 나무랄 데 없이, 솔직히 믿기 어려울 정도입니다.

그를 지켜보는 모든 전직 프로 선수들은 그가 얼마나 자주 정확한 선택을 하는지에 놀라움을 금치 못합니다.

그것도 과시하려는 기색조차 없이 말이죠.

몇 달 전 라민 야말과 인터뷰했을 때 가장 인상 깊었던 것은 그의 침착하고 지적인 태도와 밝은 유머 감각이었습니다.

경기장 밖에서는 나이보다 훨씬 성숙합니다. 경기장 안에서는 유일무이한 존재입니다.

어쩌면 한 세대에 한 번 나올까 말까 한 재능일지도 모릅니다.

― 그레이엄 헌터(스페인 기자)

라민 야말의
스페인 대표팀
기록들

유로
최연소 출전 선수

16세 338일
스페인 3-0 크로아티아
2024년 6월 15일

유로
최연소 득점 선수

16세 362일
스페인 2-1 프랑스
2024년 7월 9일

유로 또는 월드컵
준결승
최연소 출전 선수

16세 362일
스페인 2-1 프랑스
2024년 7월 9일

유로 또는 월드컵
결승
최연소 출전 선수

17세 1일
스페인 2-1 잉글랜드
2024년 7월 14일

유로
예선
최연소 득점 선수

16세 57일
조지아 1-7 스페인
2023년 9월 8일

*유로 '결승전' 최연소 득점 선수는
유로1968 결승전
이탈리아의 피에트로 아나스타시
(20세 64일)

라민 야말의
유로2024 스탯

★ 출전 시간
507분

★ 출전 경기
7경기
(교체 1회)

★ 골
1골

★ 도움
4개
(대회 최다)

★ 드리블 성공
32회
(대회 최다)

★ 최고 속도
33.3 km/h

03

스페인의
새로운 희망

대서양과 지중해를 끼고 있는 이베리아 반도의 축복받은 땅 스페인은
유럽 축구에서 큰 축을 담당하고 있다. 유럽 4대 리그(잉글랜드
프리미어리그, 스페인 라리가, 독일 분데스리가, 이탈리아 세리에A)
중 레알 마드리드와 바르셀로나, 아틀레티코 마드리드 등 빅클럽들이
있는 라리가를 보유한 국가다. 또 전 세계적으로 다양한 리그, 다양한
팀에서 스페인 선수들이 뛰고 있다. 이런 스페인은 명성에 비해 국가
대항전 성적은 그리 좋지 않았다. 1950 FIFA 브라질 월드컵에서 4위에
오른 게 최고 성적이었다. 그 이후에는 대부분 조별리그 탈락, 최고
8강의 벽을 넘지 못했다. 하지만 2000년 중반이 되면서 스페인의 황금
시대가 시작됐다. 비교적 최근의 일이다. 스페인은 유로2008, 2010
FIFA 남아공 월드컵, 유로2012까지 전무후무한 메이저 대회 3연패를
달성하며 축구의 흐름을 이끌었다. 패스를 짧게 주고받는 스페인
특유의 스타일 '티키타카'(Fútbol Tiqui-Taca, 스페인어로 탁구공이
왔다갔다 한다는 뜻)는 현대 축구의 기준이 되기도 했다. 이 당시 사비
에르난데스, 안드레스 이니에스타, 사비 알론소, 세르히오 부스케츠,
세르히오 라모스, 다비드 실바, 다비드 비야, 페르난도 토레스 등 세계
최고의 선수들이 스페인의 빛나는 시기를 완성했다.

> 라민 야말은 최근 몇 년간 가장 큰 축구계의 신성이다.
> 어린 나이에도 불구하고 그의 재능은 부인할 수 없으며,
> 어린 나이에 기록한 통계는
> 이미 리오넬 메시, 펠레, 디에고 마라도나, 요한 크루이프와 같은
> 축구 전설들의 기록을 넘어섰다.
> 미래는 라민 야말의 것이다.
> 한 시대를 정의했던 선수들의 통계를 뛰어넘는 기록을 통해
> 라민 야말은 밝은 미래를 가지고 있음을 보여주고 있다.
> 아직 성인이 되기까지 시간이 남아 있지만,
> 그는 이미 세계 최고의 축구 재능 중 한 명으로 자리매김하고 있다.

_비인스포츠(beinsports)

하지만 펠레, 디에고 마라도나, 리오넬 메시, 크리스티아누 호날두처럼 세계 축구의 최정점에 선 선수는 아직까지 스페인에서 나오지 못했다. 발롱도르를 2번이나 수상하고 라리가 우승 8회, 유러피언컵 우승 5회를 이끌며 레알 마드리드의 전성기를 이끌었던 전설적인 공격수 알프레도 디 스테파노(1926-2014)가 이 자리에 가장 근접했던 선수로 평가받지만, 아르헨티나 부에노스 아이레스에서 태어난 그는 콜롬비아로 국적을 변경한 뒤 1957년에는 스페인으로 국적을 변경해 정통 스페인 사람으로 보기는 애매한 면이 있다. 레알 마드리드에서 이룬 업적은 누구보다 화려하지만 스페인 대표팀에서의 커리어를 보면 아쉬움이 가득하다. 유럽 예선 탈락, 예상치 못한 부상 등 다양한 이유로 인해 월드컵 본선에는 단 한번도 출전하지 못했고, 스페인 대표팀에서 31경기 23골이라는 다소 평범한 스탯을 남기고 떠났다. 그 이후 이니에스타, 사비, 실바, 라모스 등 세계 최고의 선수들이 등장했지만 우리가 축구의 신으로 부를 수 있는 1인자 자리에 도전하기에는 부족함이 있었다.
여기에 도전하는 선수가 바로 라민 야말이다. 현재 18살로

너무나 어린 나이지만 지금까지 보여준 활약 그리고 짧지만 강렬한 그의 커리어를 보면 축구의 신 자리에 도전할 수 있는 자격과 능력이 충분해 보인다. 라민 야말은 벌써 바르셀로나의 주전 선수로 활약하고 있고, 스페인 대표팀에서도 주전 자리를 꿰찼다. 큰 문제가 발생하지 않는다면 지금처럼 꾸준히 활약할 수 있고, 가파른 성장세도 찾아올 것이다. 지금도 세계 최고 수준인데 성장 후 전성기에 접어들게 된다면 얼마나 무서운 선수로 변하게 될지 상상도 어려운 수준이다. 이 책을 쓰고 있는 기간에도 라민 야말은 하루하루 몰라보게 성장하고 있다. 처음 라민 야말과 라 마시아에 대한 집필을 제안받고 어떤 내용을 쓸지 구상하는 단계(2024년 12월)에서는 이 정도의 선수가 아니었다. 하지만 지금(2025년 4월)에는 벌써 한두 단계 더 성장해 세계 최고의 선수 자리를 두드리는 선수가 됐다. 원고가 완성되고 출판사에 전달할 때면 라민 야말이 또 어떻게 성장해 있을지 궁금하고 기대된다. 물론 라민 야말의 변화에 따라 원고를 수정할 부분이 계속 생길 것 같아 약간은 우려하는 것도 사실이다. 하지만 축구계에 이렇게 흥미로운 선수가 등장한 것은 나를 포함해 축구팬들 모두에게는 축복 같은 일이다. 또 그 선수에 대한 책을 이렇게 쓰고 있는 것도 선물 같은 일이다.

그럼 세계 최고의 자리에 올랐던 메시와 호날두는 라민 야말을 어떻게 평가할까. 메시는 최근 유튜브 채널 'Simplemente Fútbol'에서 바르셀로나의 현재 상황을 되짚어보며, 라민 야말의 폭발적인 성장에 대해 이야기했다. 메시는 "아이들은 모든 것을 보고 따라 하며, 모든 사람을 알고 모든 사람을 팔로우합니다. 킬리안 음바페, 비니시우스 주니오르, 엘링 홀란드, 로베르트 레반도프스키, 라민 야말과 같은 현재 선수들에 대해 이야기하기 때문입니다. 그렇게 어린 나이에 그렇게 잘하는 것은 정말 대단합니다. 정말 놀랍습니다. 라민 야말이 보여주고 있는 것, 그가 하고 있는 것, 그리고 이미 해낸 것은 인상적입니다. 그는 이미 스페인 국가대표이고 유럽 챔피언입니다. 그는 겨우 17살이고, 성장 과정에 있으며, 제가 그랬던 것처럼 선수로서 계속 성장하고, 기여할 것입니다. 그는 놀라운 재능을 가지고 있으며 이미 세계 최고의 선수 중 한 명입니다"라고 평가했다. 호날두도 라민 야말에 대해 평가한 적이 있다. 호날두는 자신의 유튜브 채널인 'UR·Cristiano'에서 "라민 야말은 엄청난 잠재력과 뛰어난 재능을 가지고 있다고 봅니다. 매우 어리기 때문에 행운이 필요합니다. 아무런 문제없이 성장하길 바랍니다. 그에게는 많은 도움이 되는 경쟁자들이 있습니다. 스페인 국가대표팀은 정말, 정말 훌륭하고, 저는 그가 엄청난 잠재력을 가지고 있다고 생각합니다. 앞으로 어떻게 될지 지켜봅시다. 저는 그가 이 새로운 세대 최고의 선수 중 한 명이 될 것이라고 믿습니다"라고 말했다. 지난 15-20년 동안 현대 축구를 양분해 지배했던 메시와 호날두 모두 라민 야말을 특별한 재능으로 인정했다. 본인들도 특별한 재능으로 평가를 받았고 어린 시절부터 많은 기대를 받았기 때문에 라민 야말이 현재 받고 있는 부담감과 기대감의 무게를 누구보다 잘 알고 있을 것이다. 동시에 라민 야말이 얼마나 성장하고 성공할 수 있는지도 가늠할 수 있을 것이다. 축구의 신들이 인정한 라민 야말은 어디까지 올라갈 수 있을까. 현재 바르셀로나와 스페인 대표팀을 보면 라민 야말에게 큰 장애물이 없어 보인다. 라민 야말은 2025년 5월 말 바르셀로나와 장기 재계약을 체결했다. 새로운 계약으로 라민 야말은 2031년까지 바르셀로나의 유니폼을 입게 됐다. 바르셀로나는 라민 야말의 미래에 확신을 갖고 있고, 장기 재계약 그리고 급여를 대폭 인상해 그를 붙잡았다. 기존 연봉은 대략 200만 유로(약 32억 원)로 알려져 있었다. 현지 언론들에 따르면 이번 재계약을 체결하면서 보너스를 포함해 라민 야말의 최대 연봉은 2,000만 유로(약 310억 원)까지 늘어났다. 정말 어마어마한 인상이다. 천문학적인 바이아웃 금액 10억 유로(약 1조 6,300억 원)는 새로운 계약에도 그대로 유지됐다. 바르셀로나가 라민 야말을 어떻게 바라보고 있는지 재계약에 등장하는 숫자만 봐도 쉽게 알 수 있다.

현재 라민 야말에게는 장애물이 보이지 않는다. 하피냐, 페란 토레스, 안수 파티 등 측면 공격수 자원들이 있지만 라민 야말이 버티고 있는 오른쪽 자리를 위협할 수 있는 선수가 없기 때문에 주전 경쟁에서도 큰 어려움은 없어 보인다. 스페인 대표팀에서도 상황은 비슷하다. 가장 최근에 발표된 명단을 보면 측면 공격수로 니코 윌리암스, 예레미 피노, 아요세 페레스, 페란 토레스, 미켈 오야르사발 등이 있지만 라민 야말을 밀어낼 만한 선수는 역시 보이지 않는다. 라민 야말은 바르셀로나와 스페인 대표팀에서 꾸준하게 뛰면서 성장할 수 있는 최적의 환경에 놓여 있다. 물론 본인이 만든 상황이지만 18살 어린 선수에게는 성장과 함께 증명할 수 있는 최고의 무대가 만들어져 있다.

❝
저는 누구와도 비교하지 않습니다.

리오넬 메시와 마찬가지입니다.

저는 메시를 존경합니다.

그는 역사상 최고의 선수입니다.

저는 그저 발전하는 데 집중할 뿐이고,

다른 선수들과 비교하는 것은 아무 의미가 없습니다.
❞

— 라민 야말

무적함대의

COLUMN '무적함대'라 불리는 스페인 대표팀은 1920년 창설 이후 유럽 축구의 강호로 자리매김했지만, 월드컵 무대에서는 오랜 시간 동안 기대만큼의 성적을 내지 못했다. 참고로 '무적함대'라는 별명은 국내에서만 주로 사용된다. 스페인의 월드컵 역사는 1934년 이탈리아 대회에서 시작된다. 이 대회에서 스페인은 첫 출전임에도 불구하고 8강에 진출하며 강한 인상을 남겼다. 당시 스페인은 브라질을 꺾고 8강에 올랐으나, 개최국 이탈리아를 만났고 첫 경기에서 연장 접전 끝에 1-1 무승부, 2차전에서 0-1로 패배하며 탈락했다. 이 경기는 월드컵 역사상 최초의 재경기였는데 1차전이 끝난 후 21시간 30분 만에 재경기가 진행됐다. 당시에는 승부차기가 없어 연장전에도 승부가 나지 않으면 재경기로 승부를 갈랐다. 첫 월드컵에서 나쁘지 않은 성적을 거둔 스페인은 1938년 프랑스 월드컵에는 내전과 국제 정세로 인해 불참했다. 이후 2차 세계대전이 발발하면서 월드컵은 모두 취소됐다. 평화와 함께 찾아온 1950년 브라질 월드컵은 스페인 축구 역사에서 중요한 이정표다. 이 대회에서 스페인은 결승리그(4강 리그)에 진출해 4위라는 성적을 거두었다. 당시 대회는 토너먼트가 아닌 결승리그 방식으로 진행됐는데, 스페인은 우루과이, 브라질, 스웨덴과 맞붙어 1무 2패로 대회를 마쳤다. 이 4위는 2010년 우승 이전까지 스페인의 월드컵 최고 성적이었다.

이후 스페인은 1954년, 1958년 대회에서 예선 탈락했고 1962년, 1966년 대회 조별리그 탈락, 1970년, 1974년 대회에서 또다시 예선 탈락을 하며 최악의 시기를 보냈다. 이 시기는 스페인의 활약도 좋지 않았지만 운이 더 좋지 않았다. 1954년 스위스 월드컵 유럽 예선 플레이오프에서 튀르키예를 만났는데 2경기 합계가 2-2로 동점을 이뤘고, 연장까지 가서도 승부를 내지 못했다. 결국 승부차기가 없던 당시 제비뽑기를 해 스페인이 탈락했다. 참 어처구니없는 일이다. 승부차기는 1970년에야 도입됐다. 스페인을 대신해 1954년 스위스 월드컵에 나선 튀르키예는 이제 막 휴전 협정을 체결하고, 역사상 처음으로 월드컵에 출전한 대한민국을 무려 7-0으로 대파했다. 1958년 스웨덴 월드컵은 예선을 통과하지 못했다. 본선에 진출했던 1962년 칠레 월드컵에서는 멕시코를 꺾었지만 체코슬로바키아와 브라질에 패배하며 4위로 조별리그를 넘지 못했다. 1966년 잉글랜드 월드컵도 비슷하다. 스위스를 잡았지만 아르헨티나, 서독에 패배하며 조 3위로 조별리그에서 탈락했다. 두 대회 연속 죽음의 조에 들어간 무적함대는 초라하게 침몰했다. 1970년 멕시코 월드컵과 1974년 서독 월드컵에서는 예선을 넘지 못해 본선에 가지 못했다. 1978년 아르헨티나 월드컵에서 오랜만에 본선 무대를 밟았으나, 조별리그에서 탈락하며 아쉬움을 남겼다. 1982년에는 개최국으로 월드컵에 참가했다. 스페인 역사상 첫 월드컵 개최였다. 보통 개최국은 기대보다 좋은 징크스를 낸다. 하시만 스페인은 날랐다. 2차 조별리그에서 탈락하며 기대에 미치지 못했다. 24개 팀 체제로 개편된 후 첫 대회였는데 단 1승에 그쳤다. 이 시기 스페인은 유럽 내에서 강한 전력을 보였음에도 불구하고, 월드컵에서는 번번이 벽에 부딪혔다.

그리고 찾아온 1986년 멕시코 월드컵에서 스페인은 8강에 진출하며 부활의 신호탄을 쏘았다. 16강에서 덴마크를 5-1로 대파했으나, 8강에서 벨기에를 만나 승부차기 끝에 패배했다. 1990년 이탈리아 월드컵에서는 16강에서 유고슬라비아에 패하며 탈락했다. 1994년 미국 월드컵에서는 8강까지 올랐지만. 이탈리아와의 경기에서 1-2로 패했다. 1998년 프랑스 월드컵에서는 조별리그에서 1승 1무 1패 3위로 탈락하는 충격을 겪었다. 스페인은 나이지리아, 파라과이, 불가리아와 한 조에 속했으나, 첫 경기에서 나이지리아에 2-3으로 패하며 탈락의 빌미를 제공했다. 2002년 한일 월드컵에서는 8강에 진출했다. 조별리그에서 전승을 거두고 16강에서 아일랜드를 승부차기로 꺾었으나, 8강에서 개최국 대한민국을 만났고 승부차기에서 패했다. 스페인 사람들은 아직도 이 경기의 심판 판정을 비판하고 있다. 2006년 독일 월드컵은 조별리그를 전승으로 통과했지만, 16강에서 프랑스에 1-3으로 패해 탈락했다. 이 시기 스페인은 유럽과 세계 축구에서 꾸준히 강호로 평가받았으나, 월드컵 무대에서는 8강의 벽을 넘지 못하는 한계를 보였다. 팬들과 전문가들은 스페인의 화려한 개인기와 전술적 완성도에도 불구하고, 중요한 순간의 집중력과 경험 부족을 지적했다.

> **"**
>
> 아름다운 축구를 한 것에 대한 보상을 받았습니다.
> 축구를 아무리 상업화하고 돈을 쏟아부어도,
> 우리에게 가장 중요한 건 축구의 아름다움을 지켜내는 것입니다.
> 우리는 싸우러 온 군인이 아닙니다.
> 우리는 재능 있고 젊은 축구 선수들과 좋은 축구를 할 수 있고,
> 함께하면 무언가를 이룰 수 있는 팀입니다.
>
> **"**
>
> — 비센테 델 보스케 감독 (2010년 남아공 월드컵 우승 감독)

스페인은 유로2008 우승을 계기로 황금기를 맞이한다. 2010년 남아공 월드컵에서 스페인은 사상 첫 월드컵 우승을 차지했다. 조별리그 첫 경기에서 스위스에 0-1로 패하며 불안한 출발을 했지만, 이후 온두라스와 칠레를 차례로 꺾고 16강에 올랐다. 녹아웃 스테이지에서는 포르투갈(1-0), 파라과이(1-0), 독일(1-0)을 모두 한 점 차로 꺾으며 결승에 진출했다. 결승전에서는 네덜란드를 상대로 연장 접전 끝에 안드레스 이니에스타가 결승골을 터뜨려 1-0 승리를 거두며, 스페인은 마침내 월드컵 정상에 올랐다. 스페인 역사상 첫 월드컵 우승이었다. 이 대회에서 스페인은 8득점 2실점이라는 최소 득점·실점 우승 기록도 세웠다. 2010년 우승 이후 스페인은 유로2012까지 제패하며 메이저 대회 3연패라는 전무후무한 기록을 남겼다.

하지만 2014년 브라질 월드컵에서는 조별리그에서 네덜란드와 칠레에 연패하며 조기 탈락하는 충격을 겪었다. 챔피언의 충격적인 추락이었다. 2018년 러시아 월드컵과 2022년 카타르 월드컵에서는 모두 16강에서 탈락했다. 2018년에는 개최국 러시아와의 승부차기 끝에, 2022년에는 돌풍의 팀 모로코와의 승부차기 끝에 고배를 마셨다. 최근 스페인 대표팀은 세대교체와 전술 변화 속에서 다시 한 번 정상 도전을 준비하고 있다. 라민 야말을 필두로 페드리, 가비, 니코 윌리암스 등 천재들이 연이어 등장하고 있다. 여기에 발롱도르를 수상한 로드리까지 있어 스페인의 또 다른 황금기가 다가오고 있다. 현재 스페인은 튀르키예, 조지아, 불가리아와 함께 유럽 예선 E조에 포함됐다. 2025년 9월부터 시작되는 유럽 예선은 각 조 1위가 본선에 직행하고, 2위는 플레이오프를 거쳐야 한다. 2026년 북중미 월드컵은 48개 팀이 참가하고, UEFA 회원국에서는 총 16개 팀이 참가한다. 스페인은 포트1로 H조에 속해 카보베르데, 사우디아라비아, 우루과이와 한 조에 포함됐다. 더불어 2030년에는 모로코, 포르투갈과 함께 스페인이 월드컵 공동 개최국으로 선정돼 자국에서 다시 한 번 역사적인 해를 준비하고 있다. 이제 스페인은 세대교체와 혁신을 바탕으로, 세계 무대에서의 새로운 도약을 꿈꾸고 있다.

스페인의

역대 월드컵 여정

1934 | 이탈리아 월드컵 | 8강 진출

1938 | 프랑스 월드컵 | 스페인 내전과 국제 정세로 불참

1950 | 브라질 월드컵 | 4위 결승리그 진출, 1무 2패

1954 | 스위스 월드컵 | 예선 탈락

1958 | 스웨덴 월드컵 | 예선 탈락

1962 | 칠레 월드컵 | 조별리그 탈락 1승 2패 | 체코슬로바키아·브라질 - 패 | 멕시코 - 승

1966 | 잉글랜드 월드컵 | 조별리그 탈락 1승 2패 | 아르헨티나·서독 - 패 | 스위스 - 승

1970 | 멕시코 월드컵 | 예선 탈락

1974 | 서독 월드컵 | 예선 탈락

1978 | 아르헨티나 월드컵 | 조별리그 탈락 1승 1무 1패 | 오스트리아 - 패 | 브라질 - 무 | 스웨덴 - 승

1982 | 스페인 월드컵 | 2차 조별리그 탈락 개최국

1986 | 멕시코 월드컵 | 8강 진출

1990 | 이탈리아 월드컵 | 16강 진출

1994 | 미국 월드컵 | 8강 진출

1998 | 프랑스 월드컵 | 조별리그 탈락

2002 | 한일 월드컵 | 8강 진출

2006 | 독일 월드컵 | 16강 진출

2010 | 남아공 월드컵 | 우승 결승전 네덜란드에 1-0 승리

2014 | 브라질 월드컵 | 조별리그 탈락

2018 | 러시아 월드컵 | 16강 진출

2022 | 카타르 월드컵 | 16강 진출

2026 | 북중미 월드컵 | 본선 진출

2030 | 모로코·포르투갈·스페인 월드컵 | 공동 개최 예정

스페인 역대

안드레스 이니에스타
1984 -

스페인의 마법사, 안드레스 이니에스타는 리오넬 메시와 크리스티아누 호날두의 시대만 아니었다면 세계 최고의 선수에게 주어지는 발롱도르를 여러 번 받았을 선수다. 경기장 안에서 보여준 환상적인 드리블과 마법 같은 패스는 축구를 모르는 사람도 환호하게 만들었다. FIFA 월드컵, UEFA 유로, UEFA 챔피언스리그 결승 전까지 주요 세 대회에서 최우수 선수로 선정된 유일한 선수다. 메이저 대회 3연패를 하며 세계 축구의 패권을 잡았던 스페인 황금기의 주역이다.

사비 에르난데스
1980 -

경기장 전체에서 일어나는 일들을 모두 머릿속에 저장하고 반응하는 컴퓨터 같은 능력을 가진 선수였다. 엄청난 시야와 판단력을 갖췄고 다양한 패스로 경기를 주도했다. 이니에스타, 부스케츠와 함께 국내에서 '세 얼간이'로 불리며 바르셀로나와 스페인 대표팀의 막강했던 중원을 책임졌다. 스페인의 축구 역사를 바꾼 UEFA 유로2008에서 대회 MVP로 선정됐다. 우승에 성공한 2010 FIFA 남아공 월드컵에서는 패스 성공률 91.2%라는 믿기 힘든 기록을 세우기도 했다.

알프레도 디 스테파노
1926 - 2014

아르헨티나에서 태어났지만 선수 생활과 인생 대부분을 스페인에서 보냈다. 아르헨티나와 콜롬비아를 거쳐 스페인 국적을 취득했다. '금발의 화살'이라는 별명을 가진 그는 폭발적인 드리블과 날카로운 결정력으로 세계 최고의 공격수에 이름을 올렸다. 레알 마드리드에서 라리가 득점왕 5번 차지했고, 리그 우승 8회, 유러피언컵 우승 5회 등 수많은 대회 우승을 이끌었다. 발롱도르도 2번이나 들었다. 하지만 대표팀에만 가면 작아졌다. 부상과 불운이 겹쳐 월드컵은 단 1경기도 뛰지 못했다.

루이스 수아레스
1935 - 2023

여러분이 생각하는 송곳니가 날카로운 그 루이스 수아레스가 아니다. 어쩌면 더 위대한 선수다. 건축가라는 별명을 지닌 윙어 수아레스는 패스와 득점 능력을 모두 갖춘 완벽한 선수였다. 1950년대 후반부터 바르셀로나를 상징하던 선수로 1960년 발롱도르를 수상한 최초의 스페인 태생 선수다. 이후 인터밀란으로 이적해 세리에 우승 3회, 유러피언컵 우승 2회 등 수많은 우승을 차지했다. 대표팀에서는 1964 유러피언 네이션스컵에서 스페인의 우승을 이끌었다.

사비 알론소
1981 -

세계 최고의 딥라잉 플레이메이커로 평가받는 알론소는 스페인 축구 역사에서 빼놓을 수 없는 인물이다. 후방에서 정확한 패스, 일명 대지를 가르는 패스로 공격의 출발점 역할을 했던 그는 리버풀, 레알 마드리드, 바이에른 뮌헨에서 수많은 우승을 차지했다. 대표팀에서는 메이저 대회 3연패 맴버로 영광의 시대를 함께 했다. 은퇴 이후에는 지도자로 변신해 바이어 레버쿠젠의 창단 120년 만의 첫 우승, 분데스리가 역사상 첫 무패우승에 성공했다. 최근에는 카를로 안첼로티 감독의 후임으로 레알 마드리드에 부임했다.

최고의 선수 TOP10

라울 곤살레스
1977 -

결정력의 교과서라 불린 공격수. 속도가 빠르거나 피지컬이 뛰어난 선수는 아니었지만, 기회가 오면 대부분의 찬스를 득점으로 연결할 수 있는 해결사였다. 축구 지능도 상당히 뛰어났다. 레알에서 라리가 우승 6회, UEFA 챔피언스리그 우승 3회 등 수많은 우승을 차지했다. 한때 득점 1위(71골)로 챔피언스리그의 사나이로 불리기도 했다. 현재는 5위까지 내려갔다. 대표팀에서는 102경기에서 44골로 역대 득점 1위를 달리다가 다비드 비야(98경기 59골)에게 자리를 내줬는데 아쉽게도 우승 경력은 없다. 은퇴 이후에는 레알 마드리드 카스티야 감독을 맡고 있다.

세르히오 부스케츠
1988 -

수비형 미드필더는 그리 화려한 자리는 아니지만 부스케츠는 누구보다 빛나는 선수였다. 기막힐 정도로 뛰어난 탈압박 능력을 가져 상대 선수 2-3명이 달라붙어도 공을 빼앗기지 않았다. 바르셀로나의 전성기를 함께 했던 부스케츠는 이니에스타, 사비와 뛰어난 호흡을 보여주며 세계 축구를 제패했다. 바르셀로나에서 라리가 우승 9회, UEFA 챔피언스리그 우승 3회 등 트로피를 쓸어담았다. 대표팀에서도 2연패(2010 FIFA 월드컵, 유로2012) 황금 시대를 함께 했다. 현재는 인터 마이애미에서 황혼기를 보내고 있다.

세르히오 라모스
1986 -

라모스를 빼고 수비를 논할 수 없다. 라모스는 불같은 열정, 얼음 같은 집중력을 지닌 선수였다. 단단한 수비력과 빠른 발, 탈압박 기술까지 다양한 능력을 가졌다. 라모스는 수비수지만 공격 가담시 뛰어난 득점력으로 많은 골을 기록했다. 세비야에서 데뷔해 레알에서 전성기를 보냈고 파리 생제르맹을 거쳐 현재 몬테레이에서 뛰고 있다. 레알에서 수없이 많은 우승 트로피를 들었고, 대표팀에서는 메이저 대회 3연패를 이끌었다. 30번이나 퇴장을 당한 다혈질 성격은 유일한 흠이다.

이케르 카시야스
1981 -

스페인 역사상 최고의 골키퍼. 182cm로 골키퍼치고 작은 키를 가졌지만 엄청난 반사 신경과 운동 능력으로 골문을 빈틈없이 지켰다. 레알 마드리드에서 커리어 대부분을 보냈는데 2007-08시즌 36경기에서 단 32골을 내주는 믿기 힘든 선방 능력을 보여줬다. 레알에서 수많은 트로피를 들었고 2020년 FC포르투에서 은퇴했다. 메이저 대회 3연패 주전 골키퍼였고 A매치 168경기 중 102경기에서 클린시트를 기록하며 A매치 역대 최다 클린시트 기록을 보유 중이다.

다비드 비야
1981 -

98경기 59골로 스페인 대표팀 역대 최다 득점자다. 비야는 피지컬이 뛰어나지 않았지만, 누구보다 뛰어난 기술을 갖고 있었다. 공이 없을 때 움직임이 좋아, 골 냄새가 나는 곳엔 항상 비야가 있었다. 절묘한 움직임으로 오프사이드 라인을 뚫고 예리한 슈팅으로 득점을 기록할 수 있는 선수였다. 또 양발 능력을 갖고 있어 찬스가 오면 놓치지 않았다. 최전방과 측면, 세컨드 스트라이커까지 소화하는 다재다능한 선수였다. UEFA 유로2008과 2010 FIFA 남아공 월드컵 우승을 차지했다.

5위 라민 야말 LAMINE YAMAL 바르셀로나
15세 290일

놀랍게도 라민 야말은 스페인 라리가 최연소 데뷔 5위에 이름을 올리고 있다. 여러 최연소 기록을 갈아치웠지만 라민 야말보다 훨씬 더 어린 나이에 라리가 무대를 밟은 신성들이 있었다. 물론 바르셀로나 역사상 라리가 최연소 데뷔 기록의 주인공은 맞다. 야말의 기록은 놀랍다. 15세 9개월 16일이라는 청소년이 세계 최고의 선수들이 가득한 유럽 5대 리그 데뷔전을 치렀다. 2023년 4월 29일 열린 레알 베티스전 83분 등번호 41번을 달고 앳된 얼굴로 등장한 라민 야말은 가비와 교체돼 처음 세상에 등장했다. 라민 야말은 여러 차례 좋은 찬스를 만들며 데뷔골에도 가까웠다. 그리고 불과 2년 만에 라민 야말은 세계적인 선수가 돼 축구 팬들을 흥분시키고 있다.

4위 오스카 라몬 OSCAR RAMON 레알 사라고사
15세 289일

오스카 라몬은 많은 사람들에게 익숙한 이름은 아니다. 1984년 레알 사라고사에서 프로로 데뷔한 스페인 미드필더다. 사라고사 유스팀에서 축구를 시작했고 마침내 1984-85시즌 라리가 2라운드 바르셀로나전에서 출전 기회를 얻었다. 83분에 교체 출전했다. 아쉽게도 팀은 0-4로 패배하고 있는 상황이었다. 이때 오스카 라몬의 나이는 15세 9개월 15일. 이 어린 선수가 팀의 패배 속에서 특별히 할 수 있는 건 없었다. 그래도 기록을 세웠다. 사라고사 역대 최연소 데뷔 기록을 썼고, 당시에는 라리가 최연소 3위에 이름을 올렸다. 오스카 라몬은 팀을 떠나 아틀레티코 마드리드의 유소년 팀으로 이적했지만 자리를 잡지 못했고, 스페인 하부 리그를 떠돌았다. 그리고 1993년 24살이라는 어린 나이에 축구화를 벗었다.

3위 페드로 이라소르자 PEDRO IRASTORZA 레알 소시에다드
15세 288일

페드로 이라소르자는 1918년 4월 스페인에서 기푸스코아 주 잘디비아에서 태어났다. 레알 소시에다드 유스팀에서 축구를 시작했는데 당시 스페인 제2공화국이 출범하면서 레알 소시에다드는 도노스티아 풋볼 데 클럽(Donostia Club de Futbol)으로 이름이 변경됐다. 그래서 엄밀히 말하면 이라소르자는 레알 소시에다드가 아니라 도노스티아에서 데뷔전을 치렀다. 이라소르자는 1933-34시즌 라리가 14라운드에서 데뷔전을 뛰었는데 당시 15세 9개월 13일이라는 어린 나이에도 선발 기회를 얻었다. 하지만 팀은 바르셀로나에 0-4 완패를 당했다. 이후 이라소르자는 발렌시아전에서 감독이었던 48세 226일 해리 로우와 함께 뛰었다. 출전 선수가 부족해 무려 32세 94일의 나이 차이가 나는 해리 로우 감독이 선수로 뛰었고, 이는 라리가 역사상 함께 뛴 선수간 가장 큰 나이 차이로 남아있다. 아무튼 바르셀로나전 출전으로 이라소르자는 레알 소시에다드 최연소 출전 기록을 세웠고, 당시 라리가 최연소 데뷔 기록까지 함께 갈아치웠다. 이라소르자는 1943년 레알 무르시아에서 선수 생활을 마쳤다.

스페인 라리가 최연소 데뷔 TOP5

레알 마요르카 LUKA ROMERO 루카 로메로 15세 219일 1위

수많은 신성들을 제치고 라리가에서 가장 어린 나이에 데뷔한 선수가 바로 루카 로메로다. 멕시코에서 태어난 로메로는 부모님의 국적을 따라 아르헨티나 청소년 국가대표로 활약했다. 축구는 마요르카 유스팀에서 본격적으로 시작했다. 눈에 띄는 재능이었던 그는 일찌감치 1군에 호출됐다. 그리고 2020년 6월 24일, 로메로에게 기회가 찾아왔다. 31라운드 레알 마드리드 원정 경기에서 0-2로 팀이 지고 있는 83분 이드리스 바바와 교체돼 경기에 투입된 것이다. 다행인 건 당시 전 세계적인 코로나바이러스감염증-19로 인해 무관중 경기가 열려 로메로는 레알 팬들이 가득 찬 산티아고 베르나베우 대신 관중도 없고 크기도 작은 스타디오 알프레도 디 스테파노에서 데뷔전을 치렀다. 경기는 0-2로 패배했지만 로메로는 역사에 이름을 남기게 됐다. 라리가 최연소 데뷔는 물론 15세 219일의 나이에 랑스에서 뛰었던 칼만 게렌체리의 유럽 5대 리그 최연소 데뷔 신기록도 새로 쓰게 됐다.

셀타 비고 SANSON 산손 15세 255일 2위

프란시스코 바오 로드리게스. 이게 우리가 알고 있는 산손(Sanson)의 진짜 이름이다. 산손은 초인적인 괴력을 가진 성경 속 인물 삼손의 스페인식 이름이다. 그는 1939년 12월 31일 셀타 비고가 세비야를 4-1로 꺾은 경기에서 선발 데뷔했다. 당시 나이는 15세 8개월 11일, 라리가 최연소 데뷔 선수였다. 이때 출전으로 쓰여진 라리가 최연소 신기록은 1위에서 등장하는 선수가 나오기 전까지 80년 이상 이어졌다. 갈리시아 지방 폰테베드라 주 비고에서 태어난 산손은 셀타 비고에서 축구를 시작했고, 2시즌 동안 리그 6경기를 뛰고 팀을 떠났다. 큰 성공을 거두진 못했다. 이후 쿨루랄 레오네사, 스포르팅 히혼을 거쳐 레알 오비에도에서 주전으로 활약했다. 비수, 미드필더, 공격수까지 다양한 포지션을 소화한 산손은 1956년 헤레스에서 은퇴를 발표했다.

1위

북아일랜드 NORMAN WHITESIDE 노먼 화이트사이드
17세 40일

북아일랜드의 노먼 화이트사이드는 축구 역사에 당당히 이름을 올리고 있다. 화이트사이드는 월드컵에 가장 어린 나이에 출전한 축구 선수다. 그는 1982년 스페인 월드컵에서 세상에 등장했다. 빌리 빙엄 감독은 화이트사이드가 소속팀인 맨체스터 유나이티드에서 공식 경기에 단 2경기 밖에 출전하지 못했지만 대표팀으로 발탁했다. 17세 40일 화이트사이드는 유고슬라비아전에 선발로 출전하며 월드컵 최연소 신기록을 세웠다. 이 경기에서 골을 기록하지 못했지만 경고를 받으며 0-0 무승부로 경기를 마쳤다. 공격수였던 그는 골을 넣지는 못했고, 대신 월드컵 역사상 가장 어린 나이에 옐로카드를 받은 선수가 됐다. 화이트사이드는 부상이 잦은 선수였다. 그는 북아일랜드 국가대표로 38경기에 출전하여 9골을 기록하고 대표팀 커리어를 마무리했다. 맨유에서는 알렉스 퍼거슨 감독과 3년 정도 함께 했는데 특급 공격수 마크 휴즈에게 밀려 1989년 에버튼으로 이적했다. 그리고 1991년 26살이라는 젊은 나이에 은퇴했다. 천재적인 재능을 가진 선수였지만 잦은 부상이 결국 발목을 잡았다.

2위

사무엘 에투 SAMUEL ETO'O 카메룬
17세 98일

카메룬의 흑표범 사무엘 에투가 월드컵 최연소 출전 2위의 주인공이다. 118경기에서 56골을 기록해 카메룬 역대 최다 득점자인 사무엘 에투는 남자 월드컵에서 두 번째로 어린 나이인 17세 98일에 데뷔했다. 그는 1998년 프랑스 월드컵 B조 조별리그 2차전 이탈리아전에 기회를 얻었다. 0-1로 지고 있는 66분에 등장했는데 안타깝게도 이후 카메룬은 크리스티안 비에리에게 2골을 더 내주며 0-3으로 패배했다. 다음 대회인 2002년 한일 월드컵에서는 미소를 지었다. E조 조별리그 2차전 사우디아라비아전 66분에 득점포를 기록했다. 이 골로 카메룬은 1-0 승리를 거뒀다. 카메룬 역사상 월드컵 첫 승리는 에투의 발끝에서 시작됐다. 에투는 이후 4번의 월드컵에 카메룬 국가대표로 출전했고, 바르셀로나, 인터밀란, 첼시 등 화려한 커리어 보내고 2014년에 은퇴했다. 현재는 카메룬 축구연맹의 회장을 맡고 있다.

3위

페미 오파분미 FEMI OPABUNMI 나이지리아
17세 100일

나이지리아의 대도시 라고스에서 태어난 페미 오파분미는 트리니다드 토바고에서 열린 2001년 FIFA U-17 월드컵에서 두 번째로 많은 골을 기록하며 많은 사람들에게 강한 인상을 남겼다. 비록 결승전에서 프랑스에 패했지만 오파분미는 눈에 띄는 선수였다. 이에 맨체스터 유나이티드, 올림피크 리옹 등 다양한 구단들의 뜨거운 관심을 받았다. 2002년에는 나이지리아 성인 국가대표팀에 발탁됐다. 당시 그의 나이 17세였다. 나이지리아 윙어인 오파분미는 2002년 한일 월드컵에서 월드컵 데뷔전을 치렀다. 일본 오사카 나가이 스타디움에서 열린 F조 3차전 잉글랜드전에서 기회가 왔다. 오파분미는 17세 100일이라는 어린 나이에 선발로 출전해 86분을 소화한 뒤 벤치로 물러났다. 경기는 0-0으로 끝났고, 나이지리아는 F조 최하위로 대회를 마감했다. 오파분미는 이후 나이지리아 국가대표로 다시 뛰어 못했다. 안타깝게도 4년 뒤 녹내장으로 오른쪽 눈이 실명돼 은퇴했다.

FIFA 남자 월드컵 최연소 출전 TOP5

4위 살로몬 올렘베 SALOMON OLEMBÉ 카메룬
17세 184일

카메룬의 왼쪽 미드필더 살로몬 올렘베는 월드컵 최연소 출전 선수 목록에서 네 번째에 자리한 선수다. 올렘베는 17세 184일이었던 1998년 프랑스 월드컵 B조 1차전 오스트리아전에서 카메룬 국가대표로 데뷔했다. 당시 그는 메이저 대회에 출전한 최연소 아프리카 선수였다. 기회는 65분에 주어졌다. 0-0으로 팽팽한 상황, 클로드 르 로이 감독은 17세 신성 살로몬 올렘베를 선택했다. 이후 카메룬의 선제골이 터졌다. 공격적인 선택이 결국 적중했다. 하지만 후반 추가시간 통한의 동점골을 내주며 1-1로 경기를 마쳤다. 비록 승부는 나지 않았지만 올렘베는 어린 나이에 월드컵이라는 큰 무대를 경험할 수 있었다. 그러나 그의 기록은 며칠 후 1998년 월드컵 카메룬의 마지막 경기 잉글랜드전에서 그의 동료 사무엘 에투가 데뷔하면서 단 두 경기 만에 깨졌다.

5위 펠레 PELÉ 브라질
17세 234일

축구 황제 펠레가 FIFA 월드컵 최연소 출전 5위에 이름을 올렸다. 펠레는 1958년 스웨덴 월드컵에서 데뷔전을 치렀다. 펠레는 1라운드 3차전 소련전에서 나섰는데 바바의 두 번째 득점을 도우며 첫 경기부터 강한 인상을 남겼다. 팀도 2-0으로 승리하며 좋은 출발을 알렸다. 이 출전으로 펠레는 17세 234일로 당시 월드컵 최연소 출전 신기록을 썼다. 펠레는 8강 웨일스전에서는 데뷔골까지 기록하며 17세 239일로 월드컵 최연소 득점 신기록도 썼다. 끝이 아니다. 준결승에서 브라질이 프랑스를 5-2로 꺾을 때 펠레가 해트트릭을 기록하며 월드컵 최연소 해트트릭 득점사가 됐다. 결승진에서는 개최국 스웨덴을 상대로 5-2 승리를 거뒀는데 펠레가 2골을 기록하며 월드컵 결승전 최연소 출전 및 득점자가 되는 경이로운 기록들을 세웠다. 끝내 월드컵 우승까지 차지하며 최연소 우승자(17세 249일)가 됐다. 축구 황제 펠레의 첫 월드컵은 이렇게 찬란했다.

FIFA 여자 월드컵 최연소 출전 선수

대한민국 CASEY YUJIN PHAIR 케이시 유진 페어
16세 26일

남자 월드컵 최연소 출전 기록에 대한민국 선수는 없지만 여자 월드컵에는 역대 최연소 출전 기록을 보유하고 있다. 바로 케이시 유진 페어. 2007년 6월 미국 뉴저지주에서 태어난 그녀는 미국인 아버지와 한국인 어머니 사이에서 태어난 대한민국, 미국의 이중국적자다. 그녀는 2023 호주-뉴질랜드 여자 월드컵에 고등학생 신분으로 대표팀에 발탁됐다. 콜린 벨 감독은 세대교체가 필요한 대표팀을 위해 과감한 선택을 했다. 결국 H조 1차전 콜롬비아전 후반 33분 교체로 투입돼 16세 26일로 여자 월드컵 최연소 출전 신기록을 세웠다. 이는 남녀 통틀어 가장 어린 나이다. 이전 기록은 1999년 미국 월드컵에 출전한 나이지리아의 이페아니 치에진으로 16세 34일이라는 어린 나이에 조별리그 북한전에 나서며 신기록을 썼다. 하지만 안타깝게도 그녀는 2019년 8월 36살이라는 젊은 나이에 세상을 떠났다. 케이시 유진 페어는 2024 파리 올림픽 예선 태국전에서는 데뷔골을 포함해 해트트릭을 기록했고, 팀의 10-1 대승을 이끌었다. 새로운 역사를 쓴 케이시 유진 페어는 한국 여자 축구의 핵심으로 성장하고 있다.

축구 선수 시장 가치 TOP10

2위 엘링 홀란드

시장 가치 | 2억 3,960만 유로 (약 3,793억 원)
소속팀 | 맨체스터 시티
계약 만료 | 2034년
나이 | 24세
국적 | 노르웨이
포지션 | 센터포워드

4위 킬리안 음바페

시장 가치 | 1억 9,250만 유로 (약 3,047억 원)
소속팀 | 레알 마드리드
계약 만료 | 2029년
나이 | 26세
국적 | 프랑스
포지션 | 센터포워드

5위 자말 무시알라

시장 가치 | 1억 5,480만 유로 (약 2,450억 원)
소속팀 | 바이에른 뮌헨
계약 만료 | 2030년
나이 | 21세
국적 | 독일
포지션 | 공격형 미드필더

8위 콜 파머

시장 가치 | 1억 2,650만 유로 (약 2,002억 원)
소속팀 | 첼시 FC
계약 만료 | 2033년
나이 | 23세
국적 | 잉글랜드
포지션 | 공격형 미드필더

9위 훌리안 알바레스

시장 가치 | 1억 2,600만 유로 (약 1,995억 원)
소속팀 | 아틀레티코 마드리드
계약 만료 | 2030년
나이 | 25세
국적 | 아르헨티나
포지션 | 센터포워드

1위 라민 야말

- **시장 가치** | 4억 230만 유로 (약 6,368억 원)
- **소속팀** | FC 바르셀로나
- **계약 만료** | 2031년
- **나이** | 17세
- **국적** | 스페인
- **포지션** | 윙어

3위 주드 벨링엄

- **시장 가치** | 2억 3,380만 유로 (약 3,701억 원)
- **소속팀** | 레알 마드리드
- **계약 만료** | 2029년
- **나이** | 21세
- **국적** | 잉글랜드
- **포지션** | 공격형 미드필더

6위 페드리 곤살레스

- **시장 가치** | 1억 4,370만 유로 (약 2,275억 원)
- **소속팀** | FC 바르셀로나
- **계약 만료** | 2030년
- **나이** | 22세
- **국적** | 스페인
- **포지션** | 수비형 미드필더

7위 비니시우스 주니오르

- **시장 가치** | 1억 3,040만 유로 (약 2,064억 원)
- **소속팀** | 레알 마드리드
- **계약 만료** | 2027년
- **나이** | 24세
- **국적** | 브라질
- **포지션** | 윙어

10위 플로리안 비르츠

- **시장 가치** | 1억 2,230만 유로 (약 1,936억 원)
- **소속팀** | 바이엘 레버쿠젠
- **계약 만료** | 2027년
- **나이** | 22세
- **국적** | 독일
- **포지션** | 공격형 미드필더

La Masia,

리오넬 메시, 안드레스 이니에스타, 사비 에르난데스, 세르히오 부스케츠 등
바르셀로나를 빛나게 한 위대한 선수들도 출발은 라 마시아였다.
그리고 최근에는 라민 야말, 가비, 파우 쿠바르시 등 새로운 재능들이 쏟아지고 있다.
이것 역시 라 마시아가 있어 가능한 일이다.
바르셀로나의 미래는 라 마시아에서 시작된다.

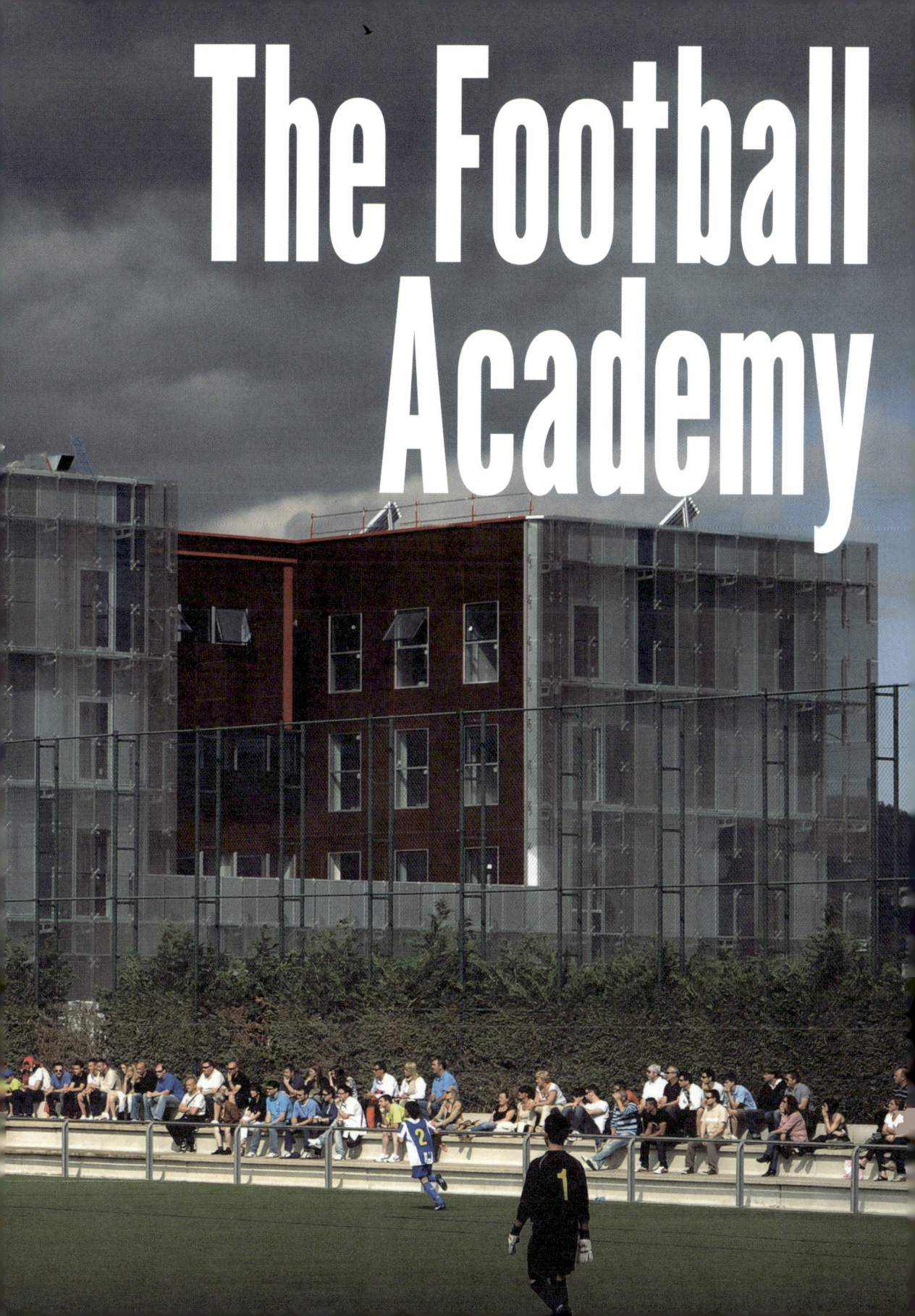

The Football Academy

01

라 마시아의
시작

라 마시아(La Masia)는 카탈루냐어로 '농가', 전통적인 농촌 저택을
의미하는 단어다. 이 단어의 어원은 카탈루냐어에서 비롯됐는데,
한 마디로 바르셀로나 지역의 전통적인 농가 양식을 가리킨다.
바르셀로나의 위대한 역사가 바로 이 농가에서 시작됐다. 건물 자체는
무려 1702년에 지어진 전통적인 카탈루냐 농가로 바르셀로나 서쪽
레스 코르츠 지구에 위치해 있었다. 바르셀로나는 1950년 캄프 누
건설을 위해 이 건물을 포함해 주변 토지를 매입했다. 1957년 캄프
누가 개장한 직후에는 건축가들의 작업 공간과 회의실로 사용됐지만,
1966년부터 바르셀로나의 사무실로 활용됐다. 그리고 1979년
바르셀로나를 이끌던 호셉 루이스 누녜스 회장은 외지에서 온
유망주들의 숙소와 교육 공간이 필요하다는 구단 임원 자우메 아마트
무르트라(Jaume Amat Murtra)의 조언을 받아들여 이 건물이 있던
곳을 유소년 아카데미로 전환해 활용했다. 우리가 흔히 알고 있는
기숙사와 같은 개념이다. 이게 바로 바르셀로나의 위대한 유소년 시스템
라 마시아의 출발이다. 2011년에는 오래된 건물을 떠나 특수 목적 훈련
단지인 시우타트 에스포르티바 조안 감페르(Ciutat Esportiva Joan
Gamper)에서 새롭게 출발했다. 이 스포츠 센터에는 천연잔디 훈련장
8개, 인조잔디 2개, 유소년팀 전용 천연잔디 1개 등 다양한 훈련 시설이
있다. 특히 1군 선수들이 훈련하는 캄프 티토 빌라노바와 함께 오리올
토르트 교육 센터(Centre de Formació Oriol Tort)가 있는데 이곳은
바르셀로나 선수들의 숙소로 축구 유망주, 농구, 핸드볼, 하키, 풋살,
롤러 하키 등 가족들과 멀리 떨어져 생활하는 선수들의 편안한 주거를
위해 제공되는 기숙사다.

> **La Masia is the best investment FC Barcelona has ever made.**
> 라 마시아는 바르셀로나가 한 최고의 투자다.
>
> __ 요한 크루이프

라 마시아의 철학은 '클럽 그 이상(Més que un club)'이라는 바르셀로나의 모토와 맞닿아 있다. 이
센터는 단순하게 주거를 위한 공간이 아니라 선수들은 공통된 비전을 공유하며 정서적, 사회적 측면을
아우르는 다차원적인 교육을 받는다. 라 마시아는 처음에는 12명 남짓의 유소년 선수들을 수용할 수
있었으나, 이후 그 중요성이 커지면서 점차 시설이 확장됐다. 2011년에는 산트 조안 데스피 지역에
6,000㎡, 5층 규모의 신축 라 마시아가 문을 열어 최대 83명의 선수들이 생활할 수 있게 됐다. 이곳에는
주방, 식당, 체육관, 워터존, 마사지실, 시청각실, 강당, 교실, 튜토리얼룸, 레저룸, 관리 사무실 등 다양한
시설이 갖춰져 있다. 침실은 총 78개로, 1인실 39개, 2인실 36개, 4인실 3개로 구성돼 있다. 각 방에는
침대, 옷장, 책상, 욕실이 마련돼 있으며, 키가 큰 농구·핸드볼 선수들을 위한 특별 침대나 재활을 위한
특수 침대도 있다. 센터에는 교육 및 운영 팀이 상주하며, 선수들이 스포츠 훈련과 함께 진로 및 인성
교육을 병행할 수 있도록 지원하고, 선수 개개인이 가진 다양한 요구에 적극적으로 대응하고 있다.
평일에는 아침 6시 45분에 기상해 침대를 정리하고, 아침 식사 후 버스를 타고 인근 학교에 간다. 그리고
오전 8시부터 오후 1시 30분까지 수업을 받고 다시 숙소로 돌아온다. 점심은 2시, 숙제는 3시 30분-6시,
축구 훈련은 매일 저녁 7시-8시 45분이다. 우리가 흔히 알고 있는 축구 기숙사와는 많이 다른 모습이다.
어떻게 보면 축구보다 학업이 더 중점인 모습이다. 라 마시아에는 365일 24시간 교육 담당 인력이
상주하며, 이는 이곳에 거주하는 아이들과 청소년들을 끊임없이 지도하고 함께한다는 클럽의 책임감을
보여준다. 이를 통해 거주 선수들은 자신의 교육 과정에 능동적으로 참여할 수 있다. 또 매년 한 번씩
라 마시아의 거주 선수들은 '감성 교육의 날'에 참여해 신뢰, 유대감, 책임감 등의 주제를 함께 다루며

서로를 하나의 가족처럼 느낄 수 있도록 돕는다. 라 마시아는 개인 발달, 스포츠 내 위험 예방, 스포츠와 건강, 문화 교육까지 네 가지 영역으로 구성된 내부 교육 커리큘럼을 운영하고 있다. 운동을 위한 단순한 기숙사가 아니라 말 그대로 교육 센터다. 이곳에서 바르셀로나의 철학을 배우고, 바르셀로나의 DNA를 새기게 된다.

라 마시아는 요한 크루이프 감독과 함께 현재 기틀을 잡기 시작했다. 크루이프 감독은 1988년부터 1996년까지 바르셀로나 1군을 이끌었는데 이때 1군 팀을 비롯해 바르셀로나 B팀, 유소년 팀까지 팀의 모든 부분에 관심을 가지며 바르셀로나라는 구단 전체를 이끌었다. 여기서 우리가 알고 있는 바르셀로나의 축구 스타일 '티키타카'가 시작된다. 유소년 팀인 라 마시아부터 B팀 그리고 1군까지 바르셀로나의 구성원 모두는 한 팀으로 같은 철학을 공유하며, 같은 축구를 해야 했다. 토탈 풋볼과 티키타카 등 바르셀로나만의 축구 철학이 라 마시아를 통해 계승됐다. 이는 상당한 장점이 있었다. 어린 선수들이 1군에 소집돼도 같은 철학으로 팀이 운영되기 때문에 적응에 오랜 시간이 걸리지 않았다. 바르셀로나 1군에 부상자들이 다수 발생할 때 어린 선수들이 소집되는데 그때마다 좋은 인상을 남기는 것도 이런 이유가 크다. 백승호도 과거 바르셀로나 B팀에서 뛰다가 루이스 엔리케 감독의 선택을 받아 1군에 소집돼 훈련에 참가한 한 적이 있다. 당시 한국 축구 팬들이 크게 흥분한 사건이었다. FIFA의 출전 정지 징계로 인해 공식 경기에 뛸 수 없었지만 징계 해제를 앞두고 당당히 1군 훈련에 참가해 한국 선수 최초로 바르셀로나 1군 데뷔를 앞둔 것이 아니냐는 희망을 품게 했다. 결과적으로 백승호는

시로나도 이적하며 바르셀로나 1군에 데뷔하지는 못했지만
어린 선수들이 1군 선수들과 함께 훈련에 참가하는 건
구성원 모두에게 긍정적인 효과를 준다. 우선 1군 선수들은
부족한 선수를 채워 정상적으로 훈련을 진행할 수 있고,
어린 선수는 자신들의 우상인 1군 선수들과 함께 훈련을
하며 잠시나마 꿈을 이룰 수 있다. 바르셀로나에서 선수와
감독으로 뛴 펩 과르디올라 감독은 "라 마시아를 거친
선수들은 다른 선수들과 다른 점이 있다. 이는 어린 시절부터
바르셀로나 유니폼을 입고 경쟁한 경험에서만 얻을 수 있는
장점이다"라고 말했다. 리오넬 메시, 안드레스 이니에스타,
사비 에르난데스, 세르히오 부스케츠 등 바르셀로나를
빛나게 한 위대한 선수들도 출발은 라 마시아였다. 그리고
최근에는 라민 야말, 가비, 파우 쿠바르시 등 새로운
재능들이 쏟아지고 있다. 이것 역시 라 마시아가 있어 가능한
일이다. 바르셀로나의 미래는 라 마시아에서 시작된다.

뉴 라 마시아 NEW LA MASIA

4F 1,137.75m²
침실 | 창고 | 마사지실 | 휴게 공간

3F 1,073.25m²
거주 선수 - 침실 | 창고 | 진료실 | 컴퓨터실
직원 - 안내 데스크

2F 1,149.80m²
거주 선수 - 침실 | 창고 | 진료실 | 컴퓨터실
직원 - 안내 데스크

1F 1,216.55m²
거주 선수 - 접수처 | 식당 | 교실 | 레저룸
자재 관리 - 주방 | 창고
직원 - 행정실 | 안내 데스크 | 회의실
외부 방문객 구역

B1 1,305.85m²
홀 | 바 | 식당 | 체육관 | 워터룸 | 탈의실 | 주방
자재 관리 | 직원 탈의실

개장일
2011년 10월 20일

전체 면적
6,000m² | 5층

수용 인원
83명

주요 시설
주방
식당
체육관
워터존
마사지실
시청각실
강당
교실
튜토리얼 룸
레저룸
관리 사무실
그룹 활동실

침실
총 78개
1인실: 39개
2인실: 36개
4인실: 3개

02

세계 최고의 축구 아카데미

전 세계에서 가장 인기가 많은 스포츠는 축구다. 그리고 전 세계에는 많은 축구 구단들이 있다. 그 구단들은 대부분 유소년 팀을 운영하고 있다. 구단은 성인 팀만으로 운영될 수 없다. 연령별 유소년 팀이 있고, 시간이 지나면서 두각을 드러내는 선수들이 상위 팀으로 승격되면서 그 팀의 전력이 구성된다. 울창한 숲을 봐도 큰 나무들이 눈에 띄지만 주위에는 작은 나무, 풀, 덩굴 등 다양한 식물들이 있다. 그렇게 숲을 이룬다. 축구 구단도 마찬가지다. 심지어 세계 최고의 슈퍼스타들을 영입하는 갈락티코(Galáctico, '은하'를 의미하는 스페인어) 정책으로 유명한 레알 마드리드도 유소년 팀이 있다. 유소년 팀은 그 팀의 근간을 책임진다. 바르셀로나는 전 세계 최고의 유소년 팀, 라 마시아를 보유하고 있다. 최근 국제스포츠연구소(CIES) 축구 관측소 보고서에서 바르셀로나는 유럽 5대 리그 클럽 중 20세 이하 선수 비율이 가장 높은 클럽(1군 스쿼드의 15%)으로 밝혀졌다. 이는 다른 구단보다 더 적극적인 바르셀로나의 유스 활용 덕분이다. 라 마시아 출신이자 1군 팀을 맡았던 사비 에르난데스 감독은 2021년 11월 바르셀로나에 부임한 이후 무려 16명의 라 마시아 출신 선수에게 기회를 줬다. 가장 유명한 라민 야말과 파우 쿠바르시를 비롯해 풀백 엑토르 포트, 스트라이커 마르크 기우(2024년 첼시 이적) 등 다양한 선수들이 기회를 얻었다. 이외에 마르크 베르날, 호아킴 주니엔트, 파우 프림, 기예 페르난데스 등 잠재력을 가진 많은 선수들이 앞으로 몇 시즌 안에 1군에 오를 것으로 예상된다. 라 마시아는 어떻게 세계 최고의 축구 사관학교가 됐을까. 라 마시아는 단순히 유망주를 키우는 곳이 아니라, 축구 철학을 체화하고 세계적인 선수로 성장할 수 있는 완성형 시스템을 갖춘 '축구 학교'라 할 수 있다. 라 마시아를 위대한 축구 아카데미로 만든 핵심은 철학, 시스템, 사람 삼박자에 있다.

라 마시아의 훈련은 단순한 체력 훈련이나 개인 기술에 그치지 않는다. 모든 교육은 바르셀로나 고유의
철학을 중심으로 진행된다. 그것이 바로 '티키타카', 짧은 패스와 유기적인 움직임으로 상대를 압도하는
전술이다. 이 전술은 단순히 짧은 패스를 주고받는 게 아니다. 바르셀로나는 유소년 시절부터 선수들이
이 철학을 몸에 익히도록 한다. 선수들은 각 포지션에서 어떤 움직임을 해야 하는지, 공을 받기 전 어떤
위치에 있어야 하는지 등을 반복적으로 학습한다. 라 마시아 선수들은 공을 두려워하지 않고, 오히려
공을 사랑하는 방법을 배운다. 크루이프 시절 미드필더로 400경기 이상을 뛴 기예르모 아모르는 "공을
소유하는 것이 가장 중요합니다. 우리는 지고 있어도 우리의 신념을 지킵니다"라고 전했다. 이 철학을
실현하려면 기술적으로 뛰어난 선수, 즉 예술가가 필요하다. 그래서 유소년팀 훈련에는 구식 체력 훈련이
없다. 거의 모든 훈련이 공을 가지고 진행되며, 좁은 공간에서 순식간에 결정을 내려야 하는 판단력을
기른다. 이런 철학은 요한 크루이프 시대에서 본격적으로 시작됐다. 그가 감독으로 부임한 1988년
이후, 바르셀로나는 전술의 일관성을 강조했는데 1군에서 사용하는 방식 그대로를 유소년 아카데미에
적용함으로써, 선수들은 어떤 단계를 거쳐 올라가더라도 자연스럽게 팀에 적응할 수 있다. 이는 단순한
훈련 방식을 넘어 바르셀로나라는 팀의 정체성에 가깝다. 그리고 라 마시아는 단순한 축구 교육 기관이
아니다. 여기는 축구와 더불어 인간으로서의 성장까지 함께 도모하는 종합 교육기관이다. 라 마시아는
바르셀로나 구장 근처에 위치한 기숙 건물을 의미하며, 어린 선수들은 그 안에서 생활하며 공부도

병행한다. 이곳에선 '좋은 선수가 되기 전에 좋은 사람이 되어야 한다'는 가르침이 강조된다. 이런 철학
아래 선수들은 팀워크, 인성, 공동체 정신을 배운다. 선수들은 매일 규칙적인 일과를 보내며, 스스로의
삶을 책임지고 관리하는 훈련도 받는다. 이러한 생활 훈련은 이후 프로 선수가 된 뒤에도 성실하고 겸손한
태도로 이어진다. 실제로 라 마시아 출신 선수들 중에는 구설수에 오르는 사례가 드문 편이다. 또, 프로
선수가 되지 못한 경우를 대비해 다양한 프로그램을 운영하기도 한다. 목표를 위해 최선을 다했다면,
결과가 좋지 않다고 해도 부끄러울 것이 없다. 라 마시아는 단순히 축구 유소년 선수를 위한 곳이 아니라
바르셀로나와 함께 하는 어린 한 인간의 인생을 위한 곳이다. 중요한 점은 라 마시아 출신들이 실제로
1군에 진출할 수 있는 현실적인 기회가 있다는 것이다. 세계적인 빅클럽 중 상당수는 유소년 시스템을
갖추고 있지만, 그들이 실제로 프로 데뷔까지 연결되는 경우는 드물다. 하지만 바르셀로나는 다르다.
연령별 유소년 팀 그리고 바르셀로나 B팀을 거쳐 1군으로 진입할 수 있는 시스템이 잘 구축되어 있고,
실력이 된다면 어린 선수에게도 과감히 기회를 준다. 수많은 선수들이 기회를 받은 역사가 남아있다.
이는 단지 유망주 발굴이 아니라 1군 경쟁력 강화의 전략이기도 하다. 돈을 들여 외부에서 선수들을
사오는 것보다 클럽 철학을 체득한 유소년을 직접 키워 쓰는 것이 장기적으로 더 효율적이고 안정적이기
때문이다.

La Masia teaches you more than football. It teaches you to respect values.
라 마시아는 축구만 가르치지 않습니다. 가치를 존중하는 법도 가르칩니다.

— 사비 에르난데스

이런 시스템에서 다양한 선수들이 발굴됐다. 대표적으로 리오넬 메시, 안드레스 이니에스타, 사비 에르난데스가 있다. 이 세 명은 2010년 발롱도르 최종 후보 3인에 동시에 이름을 올리며, 모두 라 마시아 출신이라는 점에서 큰 화제를 모았다. 한 구단의 유스 아카데미 출신이 발롱도르 최종 후보 3명을 모두 차지한 것은 유소년 아카데미 역사상 유일무이한 기록이다. 이 밖에도 세르히오 부스케츠, 제라르 피케, 세르지 로베르토 같은 선수들이 라 마시아를 거쳐 바르셀로나의 황금기를 함께했다. 그리고 이후 라민 야말, 안수 파티, 가비 같은 선수들이 라 마시아를 거쳐 현재 바르셀로나의 미래를 이끄는 핵심 자원으로 성장했다. 이처럼 아카데미에서부터 1군, 그리고 세계 무대로 이어지는 일관된 성공 사례는 라 마시아를 특별하게 만든다. 중요한 점은, 이들이 단지 축구 실력만 뛰어난 것이 아니라 바르셀로나 스타일을 완벽하게 이해하고 구현할 수 있는 선수들이었다는 것이다. 바르셀로나는 단순한 스타를 원하는 것이 아니다. 팀 전체가 조화를 이루며 아름답고 효과적인 축구를 펼칠 수 있도록 바르셀로나의 DNA를 가진 선수를 육성하는 데 집중한다. 라 마시아는 단순히 유소년을 키우는 곳이 아니다. 철학이 있고, 교육이 있으며, 실질적인 결과를 만들어낸 아카데미. 그래서 전 세계 수많은 축구팀들이 라 마시아를 벤치마킹하고 있지만, 그 진정한 본질까지 따라잡은 팀은 아직 없다. 라 마시아는 바르셀로나라는 이름을 지탱하는 뿌리이며, 축구가 예술이 될 수 있다는 사실을 증명하는 곳이다.

라 마시아는 팀이 위기일 때 더 빛나는 보석이다. 최근까지 이어지고 있는 경영 부실, 부패 스캔들, 재정난 등 위기 상황에서 라 마시아는 바르셀로나에 가장 큰 자산이다. 익명을 요구한 바르셀로나의 한 고위 관계자는 "라 마시아는 바르셀로나 역사상 클럽을 위해 즉시 전력감 선수들을 만드는 가장 빠르고 안전한 방법이라는 것을 보여줬습니다. 물론 때로는 잊혀지기도 했습니다. 하지만 우리의 재정 상태와 이 세대의 뛰어난 재능을 고려할 때, 우리는 그들을 신중하게 돌봐야 합니다"라고 밝혔다. 바르셀로나는 재정적으로 어려움을 겪고 있다. 세계 최고의 선수인 리오넬 메시가 눈물을 흘리며 하루 아침에 허망하게 팀을 떠난 것도 그런 이유다. 바르셀로나는 팬데믹 이전부터 세계적인 선수들을 보유하며 거대한 연봉 지출 구조를 유지해왔다. 한때 선수단 연봉 총액이 수입의 100%를 초과하는 기형적인 구조를 가진 적도 있었다. 리오넬 메시의 마지막 4년 연봉 총액이 약 5억 5,000만 유로(약 8,700억 원)를 넘는다는 천문학적인 계약 내용이 유출돼 모두를 놀라게 하기도 했다. 아무리 축구의 신 메시라고 해도 이 정도의 금액을 한 선수에게 지불하는 건 구단의 재정 상황에 결코 좋은 일이 아니다. 그리고 네이마르를 파리 생제르맹에 2억 2,200만 유로(약 3,500억 원)에 판매한 이후 대체 선수를 찾는 과정에서 앙투안 그리즈만(1억 2,000만 유로, 약 1,875억 원), 우스만 뎀벨레(1억 6,500만 유로, 약 2580억 원), 필리페 쿠티뉴(1억 2,000만 유로, 약 1,875억 원)까지 영입한 선수들이 모두 실패로 끝난 것도 치명적인 재정 악화로 이어졌다. 세 선수는 모두 최악의 활약을 했고 초라하게 팀을 떠났다. 그리즈만은 훨씬 낮은 이적료 4,000만 유로(약 625억 원)로 2년 만에 아틀레티코 마드리드로 복귀했고, 뎀벨레 역시 5,000만 뉴로(약

> La Masia isn't just a school for footballers. It's a school for life.
>
> 라 마시아는 단지 축구 선수를 위한 학교가 아닙니다. 인생을 위한 학교입니다.

— 펩 과르디올라

780억 원)라는 비교적 저렴한 금액으로 파리 생제르맹으로 떠났다. 쿠티뉴는 바르셀로나 역사상 최악의
영입이라는 평가를 받았다. 바이에른 뮌헨으로 임대를 떠났는데 2019-20시즌 UEFA 챔피언스리그 8강
2차전에서 교체로 들어와 친정팀 바르셀로나에 2골 1도움으로 비수를 꽂는 활약을 하며 트레블(3관왕)을
달성했다. 엄청난 돈을 쏟아부어 영입했지만 임대를 떠나 원소속 팀에 피해를 준 어처구니없는 상황이
벌어졌다. 쿠티뉴는 이후 바르셀로나 복귀했지만 예상대로 또다시 부진했고 아스톤 빌라 임대를 거쳐
팀을 떠났다. 바르셀로나가 회수한 이적료는 2,000만 유로(약 310억 원)가 전부였다.

이렇게 바르셀로나가 헛돈을 쓰는 사이 2020년 코로나19가 발생했다. 수익의 큰 부분을 차지하던
관중 수익이 사라지면서 바르셀로나는 급격히 무너지기 시작했다. 결국 TV 중계권 수익의 일부를
미리 팔았고, 구단 자회사의 지분 판매, 경기장 명명권 판매 등 다양한 방법으로 겨우 숨통을 틔우고
있다. 그러나 메시가 떠난 이후 첫 시즌은 최악으로 끝났다. 라리가는 2위로 마쳤지만 챔피언스리그

조별리그 탈락, 유로파리그 8강 탈락, 코파 델 레이 16강 탈락, 수페르코파 데 에스파냐 4강 탈락까지 그야말로 최악의 시즌을 보냈다. 바르셀로나는 포기하지 않았다. 사비 에르난데스 감독은 과감하게 라 마시아 선수들을 기용했고, 현재의 바르셀로나가 서서히 완성됐다. 이번 시즌을 앞두고는 라이벌 레알 마드리드가 그토록 기다린 킬리안 음바페를 영입해 두 팀의 경쟁 구도는 깨질 것처럼 보였다. 하지만 2024-25시즌 라 마시아 출신 라민 야말과 쿠바르시가 핵심 선수로 활약하며 팀을 도왔고, 라리가 우승, 코파 델레이 우승, 수페르코파 데 에스파냐 우승, UEFA 챔피언스리그 8강 진출이라는 업적을 달성했다. 특히 이번 시즌 레알 마드리드와 4번의 맞대결을 펼쳤는데 모두 승리하며 라 마시아의 가치를 다시 한번 증명했다. 바르셀로나가 한 시즌 레알 마드리드를 상대로 4번 모두 승리한 건 16년 만의 일이다. 또 이 4경기에서 16골을 터뜨렸는데 이는 스페인 구단의 레알 마드리드전 한 시즌 최다 득점 신기록이다. 종전 기록은 1929-30시즌 에스파뇰과 2011-12시즌 바르셀로나가 기록한 13골이다. 이렇게 바르셀로나는 라 마시아의 힘으로 위기를 극복했다.

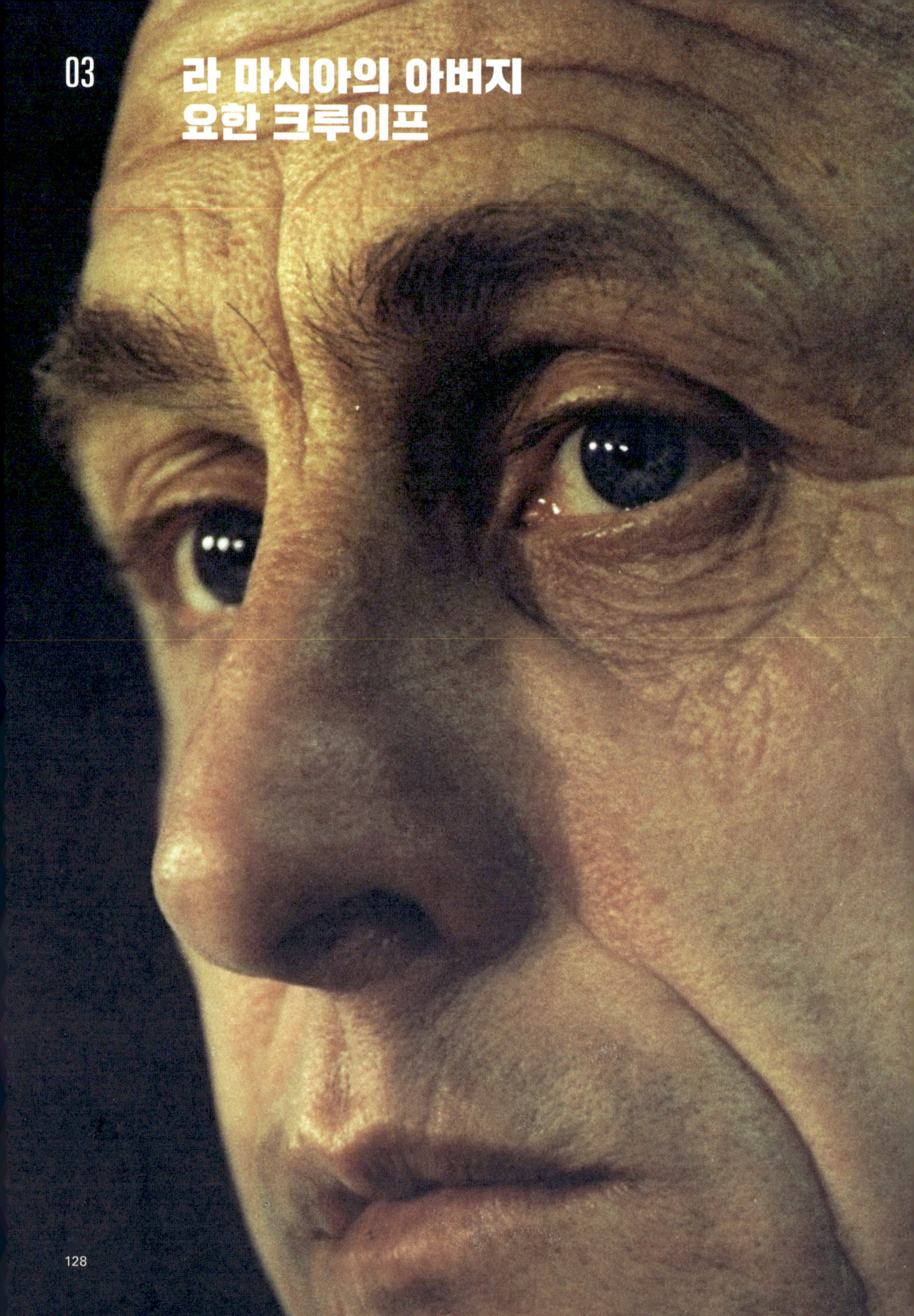

03

라 마시아의 아버지
요한 크루이프

선수로서 그는 축구를 예술의 경지로 끌어올렸습니다.
요한 크루이프가 등장하여 모든 것을 혁신했죠.
현대 바르셀로나는 그와 함께 시작되었고,
그는 우리 정체성의 표현입니다.
그는 우리가 사랑하는 축구 스타일을 선사했습니다.

— 후안 라포르타 바르셀로나 회장

1973년, 카탈루냐 땅에 혁명가가 등장했다. 그의 이름은 요한 크루이프.
단순한 축구 선수를 넘어 예술가이자, 판도를 뒤흔드는 혁명가였다.
당시 그의 이적료는 세계 최고 이적료였던 600만 길더(유로화 도입
전 네덜란드 화폐, 약 28억 원)로 화려한 등장이었다. 아약스에서
토탈 풋볼이라는 전례 없는 철학으로 유럽 축구계를 제패한 그는
바르셀로나에 도착해서도 특유의 카리스마와 날카로운 통찰력으로
스페인 무대에 도전했다. 선수로서 그는 마법 같은 드리블과 예측
불가능한 움직임으로 팬들을 매료시켰다. 팀에 13년 만에(1960년 이후
1974년 우승) 라리가 우승을 안겼고, 1973년, 1974년에 발롱도르까지
수상하며 세계 최고의 선수임을 다시 한번 증명했다. 그러면서 구단에는
제대로 된 유소년 시스템이 필요하다고 조언했다. 이후 지도자로 변신해
바르셀로나 감독으로 부임한 그는 진정한 비전은 경기장 너머, 미래를
향한 깊은 통찰에 있다고 확신했다.

크루이프 감독은 바르셀로나의 고질적인 문제점을 꿰뚫어 보았다. 레알 마드리드라는 거대하고 화려한 존재에 가려 빛을 보지 못했던 역사, 일관성 없는 선수 수급 정책, 그리고 무엇보다 미래를 담보할 튼튼한 유소년 시스템의 부재까지. 그는 바르셀로나의 진정한 부흥은 단기적인 영광이 아닌, 뿌리 깊은 토양에서 자라나는 재능들에 달려 있다고 확신했다. 자신이 선수 시절 몸담았던 아약스가 강력한 유소년 시스템을 바탕으로 유럽을 호령했던 것처럼, 바르셀로나 역시 자체적인 유소년 육성 시스템을 구축해야 한다고 강력하게 주장했다. 그의 끊임없는 설득과 비전에 공감한 클럽 수뇌부는 마침내 그의 제안에 귀 기울이기 시작했고, 라 마시아에 그의 색깔을 입히기 시작했다. 크루이프는 라 마시아라는 작은 씨앗을 심었고, 이 씨앗은 훗날 거목으로 성장할 운명을 품고 있었다. 크루이프 감독은 라 마시아가 바르셀로나만의 고유한 축구 철학을 배우고 체화하는 용광로가 되기를 희망했다. 볼 점유율을 최우선으로 하고, 선수 개개인의 기술과 창의성을 극대화하며, 조직적인 움직임과 팀워크를 중시하는 토탈 풋볼의 정신이 라 마시아의 모든 훈련 과정에 스며들어야 한다고 강조했다. 어린 선수들은 라 마시아에서 기본적인 기술 훈련뿐만 아니라, 전술적인 이해도, 공간 인식 능력, 그리고 동료와의 유기적인 연계 플레이를 배우며 성장했다. 크루이프에게 라 마시아는 단순한 선수 육성소가 아니라, 바르셀로나의 축구 DNA를 심고 가꾸는 정신적 고향과 같은 의미를 지녔다. 그 결과 바르셀로나라는 팀 전체가 같은 스타일, 철학을 공유하게 됐고, 유스 팀 선수들이 1군 팀에 쉽게 적응할 수 있는 환경이 조성됐다.

선수 시절부터 라 마시아의 잠재력을 꿰뚫어 보았던 크루이프는 감독이 되자마자 유소년 시스템에서 성장한 젊은 재능을 주저 없이 1군 무대에 기용하기 시작했다. 펩 과르디올라, 기예르모 아모르, 알베르트 페레르 등 라 마시아의 푸른 잔디밭에서 꿈을 키워온 어린 선수들은 그의 믿음 아래 만개하며 바르셀로나의 새로운 황금 시대를 열었다. 물론 로날드 쿠만, 미카엘 라우드롭, 호마리우 같은 수준급 선수들의 영입도 있었기 때문에 가능한 일이었다. 이들은 '드림팀'으로 불렸다. 하지만 역시 주목받은 건 라 마시아였다. 특히 과르디올라는 크루이프의 축구 철학을 가장 완벽하게 흡수하고 이해한 제자였다. 라 마시아

시절부터 크루이프의 지도를 받으며 성장한 그는, 선수로서 그라운드 위에서 크루이프의 이상을 구현했고, 훗날 감독으로서도 그 철학을 계승하여 바르셀로나를 역사상 가장 위대한 팀 중 하나로 만들었다. 이는 크루이프가 라 마시아라는 토양에 심어놓은 철학의 씨앗이 얼마나 깊고 강력한 뿌리를 내렸는지를 여실히 보여주는 증거였다. 1군 감독이 유스 팀 선수들에게까지 관심을 주기는 쉽지 않다. 하지만 크루이프 감독은 달랐다. 라 마시아 훈련장을 자주 방문했고, 눈에 띄던 과르디올라의 포지션을 오른쪽 미드필더에서 중앙 미드필더로 바꾸기까지 했다. 크루이프 감독의 토탈 풋볼 전술에서 핵심이 되는 바로 그 자리였다. 영리하고 공을 잘 빼앗기지 않는 과르디올라는 1990년 크루이프 감독의 선택을 받아 1군에서 뛰게 됐고, 이후 세계적인 선수로 성장했다. 잘 알다시피 이후에는 감독으로도 세계 최고의 자리까지 올랐다. 크루이프 감독의 안목을 확인할 수 있는 좋은 예시다. 크루이프 감독은 라 마시아의 코칭 스태프에게도 자신의 축구 철학을 끊임없이 주입했다. 그는 어린 선수들을 획일적인 방식으로 훈련시키는 것을 지양하고, 개개인의 잠재력과 창의성을 최대한으로 끌어올리는 맞춤형 지도를 강조했다. 그는 선수들에게 끊임없이 질문을 던지고 스스로 생각하도록 유도했으며, 실수를 두려워하지 않고 과감하게 새로운 시도를 할 수 있는 자유로운 분위기를 조성했다. 크루이프에게 축구는 단순히 전술과 기술의 조합이 아닌, 즐거움과 창의성이 어우러지는 예술과 같은 것이었다. 이러한 그의 교육 철학은 라 마시아를 단순한 기술 연마의 장이 아닌, 축구를 사랑하고 즐기는 창의적인 인재들의 요람으로 탈바꿈시켰다. 크루이프 감독의 드림팀은 화려했다. 5년 동안 팀을 이끌면서 4시즌 연속 라리가 우승(1990-91, 1991-92, 1992-93, 1993-94)을 차지했고, 코파 델 레이 우승 1회, 수페르코파 데 에스파냐 우승 3회, 유러피언컵 우승 1회, 유러피언 위너스컵 우승 1회 등 수많은 우승 트로피를 들었다. 이 당시 크루이프 감독은 바르셀로나에서 11개의 우승 트로피를 획득하며 역사상 가장 성공한 감독이라는 평가를 받았지만, 이후 제자 과르디올라 감독이 15번의 우승에 성공하며 2위로 밀려났다. 성공은 계속되지 않았다. 마지막 두 시즌 동안에는 우승에 실패했고 호셉 루이스 누녜스 회장과 불화까지 발생했다. 결국 1996년 경질되며 바르셀로나를 떠났다.

크루이프는 2016년 바르셀로나에서 세상을 떠났다.
현역 시절부터 담배를 많이 피워 게으른 천재라고 불렸던
크루이프는 2015년 10월 폐암을 진단받았다. 세계 최고의
축구 선수, 감독도 암은 이겨낼 수 없었다. 폐암은 뇌로
전이됐고, 결국 2016년 3월 24일 아침 바르셀로나의
한 병원에서 가족들이 지켜보는 가운데 숨을 거뒀다.
바르셀로나의 혁명가는 이렇게 눈을 감았다. 크루이프가
세상을 떠난 후에도 라 마시아는 그의 위대한 유산을
고스란히 이어받아, 끊임없이 세계적인 수준의 선수들을
배출하고 있다. 리오넬 메시, 안드레스 이니에스타, 사비
에르난데스, 세르히오 부스케츠 등 수많은 월드클래스
선수들이 모두 라 마시아의 체계적인 훈련 시스템을 거쳐
성장했으며, 그들의 플레이 스타일에는 크루이프가 그토록
강조했던 기술, 창의성, 팀워크, 그리고 볼 점유율 축구의
핵심 가치들이 고스란히 녹아있다. 라 마시아는 이제 단순한
유소년 아카데미를 넘어, 바르셀로나라는 클럽의 정체성을
상징하는 살아있는 역사 그 자체가 되었다. 라 마시아가

이처럼 오랜 시간 동안 세계 최고의 유소년 시스템으로
군림할 수 있었던 것은, 요한 크루이프라는 선구자가 뿌린
철학의 씨앗 덕분이다. 그는 단지 몇몇 뛰어난 선수를
육성한 것이 아니라, 바르셀로나라는 클럽 전체의 축구
문화를 혁신하고, 미래를 향한 지속 가능한 성장 동력을
마련했다. 그의 비전과 헌신이 없었다면, 오늘날 우리가 알고
있는 세계적인 클럽 바르셀로나는 존재하지 않았을지도
모른다. 그렇기에 우리는 요한 크루이프를 '라 마시아의
아버지'라고 칭하는 것을 망설이지 않는다. 그는 황무지
같았던 바르셀로나의 유소년 시스템에 혁명의 씨앗을
심고, 자신의 철학이라는 물과 햇빛을 공급했으며, 수많은
재능 있는 젊은이들이 세계적인 선수로 성장할 수 있도록
헌신적으로 보살폈다. 그의 정신은 여전히 라 마시아의 푸른
잔디 위에 살아 숨 쉬며, 미래의 바르셀로나를 이끌어갈 젊은
꿈나무들의 길을 영원히 밝혀줄 것이다. 요한 크루이프, 그는
영원한 라 마시아의 아버지이다.

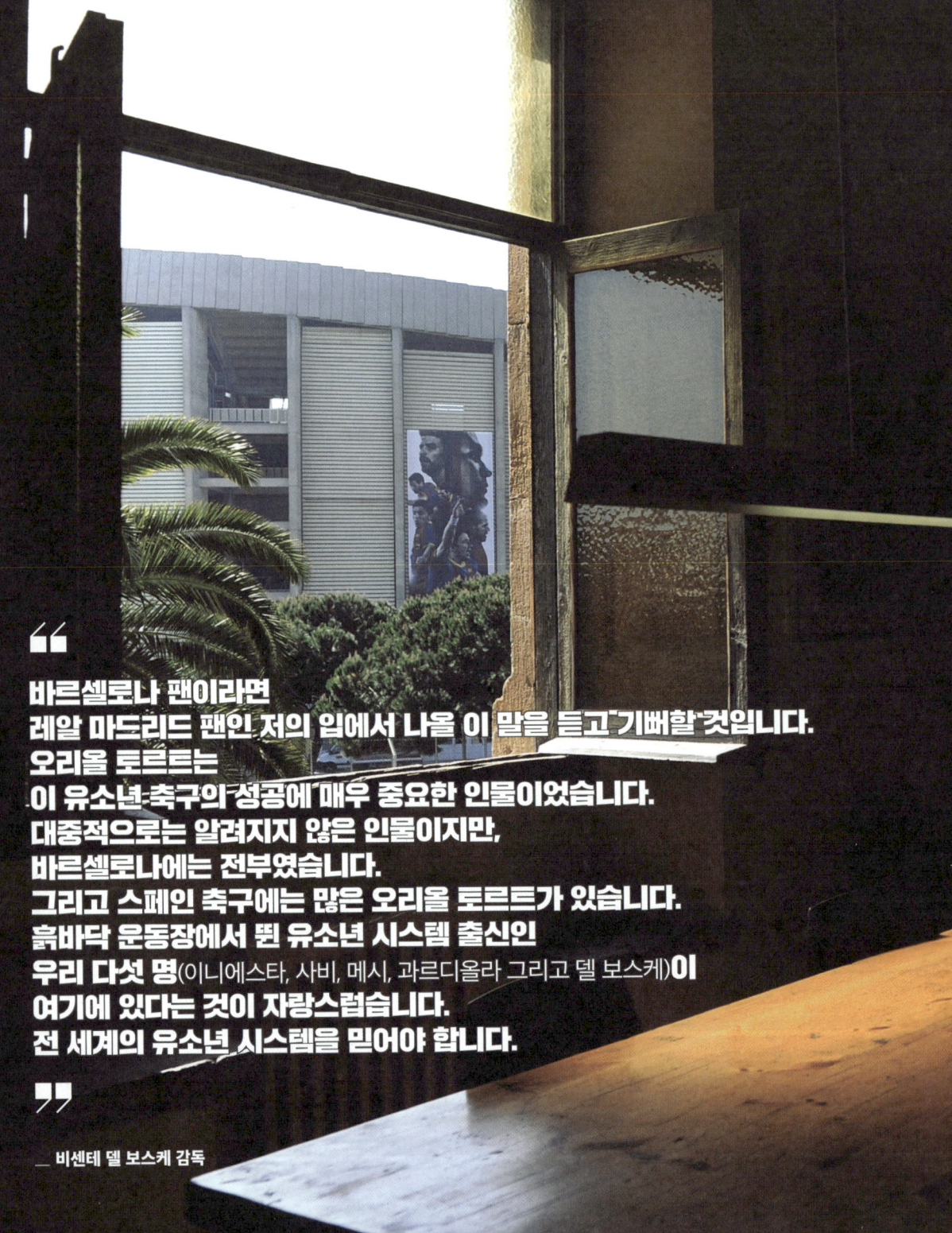

"

바르셀로나 팬이라면
레알 마드리드 팬인 저의 입에서 나올 이 말을 듣고 기뻐할 것입니다.
오리올 토르트는
이 유소년 축구의 성공에 매우 중요한 인물이었습니다.
대중적으로는 알려지지 않은 인물이지만,
바르셀로나에는 전부였습니다.
그리고 스페인 축구에는 많은 오리올 토르트가 있습니다.
흙바닥 운동장에서 뛴 유소년 시스템 출신인
우리 다섯 명(이니에스타, 사비, 메시, 과르디올라 그리고 델 보스케)이
여기에 있다는 것이 자랑스럽습니다.
전 세계의 유소년 시스템을 믿어야 합니다.

"

__ 비센테 델 보스케 감독

04

숨겨진 영웅,
오리올 토르트

오리올 토르트 마르티네스(Oriol Tort Martínez), 많은 축구 팬들에게
익숙한 이름이 아니다. 하지만 바르셀로나에서 그는 영웅이다. 2011년,
바르셀로나는 새로운 유소년 훈련 센터의 이름을 그의 업적을 기려
오리올 토르트 훈련 센터로 명명했다. 마치 그가 살아 돌아온 것 같았다.
그럼에도 그의 헌신적인 이야기는 여전히 많은 이들에게 알려지지
않았다. 1929년 1월 31일 태어난 바르셀로나의 아마추어 팀에서 뛰며
자신의 운명을 시작했다. 토르트는 부상으로 일찍 선수 생활을 끝내야
했다. 이후 감독 자격증을 취득했고 1946년 유소년 팀에 입단한 이래로
줄곧 바르셀로나와 함께했다. 선수로서는 별다른 성공을 거두지 못한
그는 유소년 팀 코치로 새로운 길을 걸으며 숨겨진 재능을 발견하고
선수를 키워내는 데 남다른 능력을 발휘했다. 그리고 1979년, 그의
인생에서 가장 중요한 순간이 찾아왔다. 호셉 루이스 누녜스 회장은
새로운 유소년 아카데미 설립을 발표했다. 캄프 누 근처의 낡은 농가를
개조한 '라 마시아'는 바르셀로나의 미래를 짊어질 어린 꿈나무들의
보금자리가 될 예정이었다. 그리고 이곳에서 지낼 보석 같은 아이들을
찾아내는 막중한 임무가 토르트에게 맡겨졌다. 그는 마치 숙련된
농부처럼 척박한 땅을 일구고 씨앗을 뿌리듯, 스페인 전역을 누비며
빛나는 재능을 발굴했다. 퇴근 후, 주말 할 것 없이 그는 수많은 유소년
축구 경기를 찾아다녔다. 믿기 어렵지만 하루에 15-20경기를 관람하는
날도 있었다고 하니, 그의 열정과 헌신은 상상을 초월하는 수준이었다.
시간이 짧은 아이들의 경기라고 해도 하루에 그렇게 많은 경기를 보는
걸 결코 쉬운 일이 아니다. 그의 스카우트 방식은 날카로운 직관과
오랜 경험에서 우러나오는 통찰력에 기반했다. 수많은 어린 선수들을
지켜봤는데 라 마시아의 문턱을 넘을 수 있는 재능은 극히 드물었다.

어느 날 토르트의 시선은 빼빼 마른 한 어린 미드필더에게 꽂혔다. 기술적인 재능은 물론, 영리함과 공간을 읽는 능력, 정확한 패스 센스까지 갖춘 그의 플레이는 어린 나이에도 불구하고 평범하지 않았다. 단 한 번의 관찰만으로 토르트는 확신했다. 이 아이는 바르셀로나의 토탈 풋볼 철학에 완벽하게 부합하는 재능이라고. 그 아이의 이름은 펩 과르디올라였다. 주변에서는 체격이 좋지 않다는 등 냉담한 평가가 쏟아졌다. 하지만 토르트는 "그는 남겨둬야 합니다. 축구를 이해하는 머리를 가졌어요"라며 자신의 직감을 믿었다. 그의 확신은 훗날 바르셀로나의 황금기를 이끈 선수와 명장의 탄생을 예견한 선견지명이었다. 40여 년에 걸친 그의 헌신적인 스카우트 활동을 통해 안드레스 이니에스타, 사비 에르난데스, 티토 빌라노바, 빅토르 발데스, 카를레스 푸욜, 세스크 파브레가스 등 수많은 월드클래스 선수들이 라 마시아를 거쳐 세계 무대에 이름을 알렸다. 그는 드러나지 않는 곳에서 묵묵히 클럽의 미래를 위해 헌신한 숨겨진 영웅이었다. 토르트는 단순히 선수를 뽑는 역할에만 머무르지 않았다. 그는 라 마시아에 합류한 어린 선수들의 성장 과정을 세심하게 지켜보고, 낯선 환경에 어려움을 겪는 아이들에게는 따뜻한 멘토가 되어주었다. 라 마시아 식당에서 아이들과 함께 식사하며 격려와 조언을 아끼지 않았고, 선수 개개인의 성격과 고민을 이해하려고 노력했다. 그는 바르셀로나의 정신, '클럽 그 이상(Més que un club)'의 가치를 몸소 실천하는 진정한 어른이었다. 토르트의 딸 마르타는 아버지에 대해 이렇게 회상했다.

"아빠는 자신의 직업에 대한 사랑이 매우 컸어요. 집에서는 그런 걸 잘 표현하지 않으셨죠. 아빠는 그 일을 정말 사랑했지만, 저희에게는 그런 걸 심어주려 하지 않으셨어요. 저는 항상 아빠가 라 마시아의 아이들과 보낸 시간이 친자식들과 보낸 시간만큼이나 많다고 농담하곤 했어요. 그래서 가끔 그 아이들이 집에 오면, 제가 '내 작은 남동생들'이라고 불렀죠. 라 마시아는 아빠의 또 다른 여인이었어요. 저희 모두는 그걸 감수했어요. 자신이 사랑하는 일을 직업으로 삼았으니, 더 이상 무엇을 바랄 수 있겠어요?"

1980년대, 토르트에게 든든한 조력자가 나타났다. 훗날 FIFA 스카우트로 활동하게 되는 호안 마르티네스

빌라세카(Joan Martínez Vilaseca)였다. 그들은 곧 환상의 콤비가 되어 바르셀로나의 미래를 위한 정교한 스카우트 시스템을 구축해 나갔다. 작고 허름한 사무실에서 그들은 수많은 선수들의 정보를 기록하고, 전화를 걸고, 밤낮없이 데이터베이스를 구축했다. 화려함과는 거리가 멀었지만, 그들의 땀방울은 훗날 바르셀로나를 세계적인 클럽으로 성장시키는 밑거름이 되었다. 토르트와 마르티네스의 스카우트 방식은 첨단 기술과는 거리가 멀었다. 그들의 사무실에는 낡은 타자기와 수많은 종이 더미, 그리고 전화기 한 대가 전부였다. 지금은 당연한 컴퓨터나 영상 분석 자료 같은 것은 존재하지 않았다. 그들은 오로지 자신들의 직감과 경험, 그리고 축구에 대한 깊은 이해를 바탕으로 미래의 별들을 찾아냈다. 수많은 경기를 직접 관람하고, 선수들의 움직임 하나하나를 주의 깊게 관찰하는 것, 그것이 그들의 방식이었다. 1990년대 토르트와 마르티네스의 헌신적인 노력은 바르셀로나 내부에서 서서히 빛을 발하기 시작했다. 토르트는 '교수님'이라는 존경과 애정이 담긴 별명으로 불리기도 했다. 그는 조용하지만 확고한 신념을 가진 학자처럼, 늘 묵묵히 자신의 임무를 수행했다. 경기장 변두리에서 선수들을 관찰하고 평가하는 그의 모습은 바르셀로나의 모든 스카우트와 코치들에게 깊은 인상을 남겼다. 토르트의 몸짓 하나하나에는 그의 경험과 통찰력이 담겨 있었다고 한다. 그가 담배를 깊게 빨아들이는 모습은 곧 잠재력 있는 새로운 스타를 발견했다는 신호였다고 한다. 때로는 동료 스카우트들의 보고만으로 선수를 직접 보지 않고 영입을 결정하기도 했다. 알바세테에서 어린 안드레스 이니에스타에 대한 극찬을 전해들은 토르트는 주저 없이 그를 라 마시아로 불렀다. 당시 유소년 축구 책임자였던 자우메 올리베는 "교수님은 늘 '첫인상이 중요해. 나중에 더 많이 보면 볼수록 단점만 보이거든. 처음 그 선수를 봤을 때의 느낌을 기억해야 해. 뭔가 특별하다고 느꼈는지, 마음에 들었는지'라고 말씀하셨습니다"라고 회상했다.

토르트는 점점 더 현대화되는 축구 스카우트 방식과 거리를 두었다. 방대한 데이터 분석과 첨단 기술이 스카우트의 중요한 요소로 자리 잡았지만, 그는 여전히 낡은 타자기와 메모 용지를 고집했다. 이러한 방식은 시간이 지날수록 토르트의 시대가 끝나가고 있다는 걸 의미했다. 하지만 바르셀로나에 남긴 족적은 영원히 지워지지 않을 것이다.

그는 라 마시아의 어린 선수들이 믿고 따를 수 있는 아버지 같은 존재였으며, 어떤 어려움에도 기댈 수 있는 든든한 버팀목이었다. 바르셀로나에서 성공을 거두진 못했지만 12살에 라 마시아에 입단해 그의 가르침을 받았던 마리오 로사스는 토르트를 이렇게 회상한다.

"토르트 감독님은 저를 영입한 분 중 한 명입니다. 제 모든 기억은 감독님에 대한 깊은 애정으로 가득합니다. 그는 유소년 시스템의 최고 책임자였고, 시간이 흐른 뒤에야 그가 시대를 앞서간 인물임을 깨달았습니다. 바르셀로나 스타일에 맞는 선수를 찾아내는 놀라운 감각이 있었습니다. 그가 과르디올라, 차비, 이니에스타, 이반 데 라 페냐 등 수많은 선수를 발굴했다는 것만 봐도 알 수 있습니다. 당시에는 바르셀로나 DNA에 대해 많이 이야기하지 않았지만, 그는 이미 그 개념을 명확히 이해하고 있었습니다."

"저는 감독님의 통찰력에 놀랐습니다. 인간적으로도 매우 좋은 분이었고, 매우 침착하며, 젊은 선수들, 특히 마시아에 있던 우리를 돕는 데 항상 신경을 썼습니다. 그는 매우 조용하고 스스로를 드러내는 것을 좋아하지 않아, 대중에게는 잘 알려지지 않았습니다. 그는 매일 마르티네스 빌라세카와 함께 식사했습니다. 그는 많은 평온함을 전해줬고, 라 마시아와 클럽에서 일어나는 모든 일을 알고 있었으며, 훌륭한 조언을 해줬습니다. 저는 감독님을 매우 애정 어린 마음으로 기억합니다."

바르셀로나 창단 100주년 해였던 1999년 9월 10일, 토르트는 70세의 나이로 세상을 떠났다. 오랜 시간 자신을 괴롭혔던 골수암을 끝내 이겨내지 못했다. 그의 장례식에서 가장 가슴 아픈 추도사를 읊었던 사람은 그가 처음 발견했던 빼빼 마른 소년, 펩 과르디올라였다.
오리올 토르트, 그는 라 마시아라는 꿈의 농장을 일궈낸 숨겨진 영웅이다.

"
오리올 토르트 감독님은 현명하신 분이셨습니다.
이제 더 이상 그분 같은 분은 없습니다.
그는 클럽에 와서 자신이 해야 할 일을 끝낼 때까지
몇 시간이고 묵묵히 일하셨습니다.
토르트 감독님 같은 분들 덕분에
우리가 오늘날 이 자리에 있는 것입니다.
"

— 펩 과르디올라

발롱도르를 향하여

"

홀란드나 음바페처럼 최고 수준의 선수들이 많지만,
라민 야말이 이 나이에 보여주는 것은 믿을 수 없을 정도입니다.
라민 야말이 발롱도르를 수상할까요? 그렇습니다.
저는 동료들과 기자들에게
라민 야말이 주는 마법 같은 모습은
그 누구도 할 수 없다고 이야기합니다.

"

— 파브리지오 로마노 기자

COLUMN 2025년 발롱도르 시상식은 현지 시간으로 2025년 9월 22일 프랑스 파리 샤틀레 극장에서 열렸다. 이 책을 쓰는 시점을 생각하면 사실 라민 야말과 발롱도르에 대한 이야기를 하는 게 부담스러운 건 사실이다. 시상식 전부터 라민 야말보다는 우스만 뎀벨레의 수상 확률이 조금은 더 높았고, 실제로 그렇게 됐기 때문이다. 그럼에도 발롱도르 이야기를 뺄 수는 없었다. 라민 야말의 상승세가 지금처럼 계속된다면 언젠가는 발롱도르를 수상하지 않을까. 많은 축구 팬들의 생각은 비슷할 것 같다. 이번 2025년 발롱도르 시상식에서 라민 야말은 무려 2위에 오르며 전 세계를 깜짝 놀라게 했다.

지금까지 발롱도르는 오랜 세월 축구계를 양분했던 리오넬 메시와 크리스티아누 호날두의 차지였다. 하지만 시대가 저물고, 이제는 새로운 세대의 슈퍼스타들이 무대에 오르고 있다. 이번 시상식은 바르셀로나의 18세 신성 라민 야말과 파리 생제르맹(PSG)의 에이스 우스만 뎀벨레가 세계 최고의 선수 자리를 두고 치열하게 경쟁하는 양강 구도였다.

라민 야말은 2024-25시즌 바르셀로나의 트레블(라리가, 코파 델 레이, 수페르코파 데 에스파냐) 달성의 핵심이었다. 그는 라리가에서 35경기 9골 13도움으로 도움왕에 오르며, 경기마다 팀의 공격을 진두지휘했다. 챔피언스리그에서도 13경기 5골 3도움을 기록했고, 준결승에서의 환상적인 골로 UEFA 올해의 골을 수상, 대회 베스트11에도 이름을 올렸다. 17세의 나이에 라리가 최연소 도움왕, 챔피언스리그 4강 최연소 득점자, 바르셀로나 100경기 최연소 달성 등 야말이 세운 기록들은 단순한 숫자를 넘어 세계 축구의 판도를 바꾸고 있다. 발롱도르를 받기 위해서는 꾸준함이 중요하다. 야말의 가장 큰 강점이 바로 중요한 순간마다 팀을 구해내는 임팩트와 함께 경기력의 일관성이다. 그는 단순한 유망주가 아니라, 이미 경기의 흐름을 바꿀 수 있는 주역으로 자리매김했다. 유럽 전역의 미디어와 전문가들은 "라 마시아 유스 시스템의 결정체", "스페인 축구의 새로운 아이콘"이

라며 야말의 등장을 극찬하고 있다. 또, 스페인 대표팀에서도 UEFA 네이션스리그 준결승에서 프랑스를 상대로 멀티골을 기록하며 국가대표 무대에서도 존재감을 입증했다. 소속팀과 대표팀에서 모두 정상급 활약을 보여준 라민 야말이 발롱도르를 받아도 크게 이상할 것은 없었다.

하지만 2025년 발롱도르 트로피를 거머쥔 스타는 단연 우스만 뎀벨레다. 그는 PSG 역사상 첫 챔피언스리그 우승을 포함해 리그앙, 프랑스 컵, 슈퍼컵까지 전무후무한 쿼드러플을 달성했다. 49경기 33골 15도움이라는 압도적인 개인 기록을 남기며, 챔피언스리그와 리그앙 올해의 선수상까지 휩쓸었다. 특히 챔피언스리그 준결승과 결승에서의 결정적인 골과 도움은 PSG의 유럽 정상 등극을 이끈 결정적 장면으로 남았다. 뎀벨레는 자신의 수상에 대해 어떻게 생각하고 있을까?

"발롱도르를 수상하는 일은 정말 특별합니다. PSG에서 일어난 이 모든 일들에 대해 말로 다 표현할 수 없을 정도입니다. 조금 긴장되기도 합니다. 이 트로피를 차지하는 것은 결코 쉬운 일이 아니며, 축구의 전설 호나우지뉴가 제게 직접 수여해 준 것은 정말 이례적인 경험입니다. 2023년 저를 불러준 PSG 구단에 감사드립니다. 이곳은 정말 놀라운 가족입니다. 나세르 알 켈라이피 회장님은 제게 아버지 같은 존재입니다. 또한 저를 특별하게 대해준 모든 스태프와 감독님께도 감사드립니다. 감독님 역시 제게 아버지 같은 분입니다. 그리고 모든 팀 동료들에게도 감사를 전합니다. 우리는 거의 모든 것을 함께 이뤄냈습니다. 좋을 때나 힘들 때나 여러분은 항상 저를 지지해 주었습니다. 이 개인 트로피는 팀 전체가 공동으로 일궈낸 성과입니다."

두 선수의 경쟁은 기록과 상징성, 그리고 결정적 순간의 임팩트에서 뚜렷한 대조를 이룬다. 라민 야말은 만 18세의 나이로 각종 최연소 기록을 갈아치우며,

> "
> 친구들한테 말했듯이
> 저는 발롱도르를 한 번 받는 게 아니라
> 여러 번 받는 걸 꿈꾸고 있습니다.
> 저는 제가
> 그런 성과를 낼 수 있는 능력을
> 가진 선수라고 믿습니다.
> 만약 제가 그걸 해내지 못한다면,
> 그건 제가 뭔가 잘못됐거나
> 간절히 원하지 않았기 때문일 것입니다.
> 맞습니다.
> 저는 많은 수상을 꿈꾸고 있고,
> 그날은 언젠가 올 것입니다.
> 그날이 온다면 정말 행복할 것 같습니다.
> 하지만 저는 계속해서 수상을 하고 싶습니다.
> "

— 라민 야말

스페인과 바르셀로나의 미래를 상징한다. 뎀벨레는 PSG의 오랜 숙원이었던 챔피언스리그 우승을 이끌며, 네이마르, 리오넬 메시, 킬리안 음바페도 이루지 못한 업적을 달성했다. 두 선수는 2024-25시즌 네이션스리그 준결승에서 직접 맞붙기도 했다. 이 경기에서 라민 야말이 프랑스를 상대로 두 골을 넣으며 뎀벨레와의 맞대결에서 승리를 거뒀다. 물론 라민 야말은 결승전에서 포르투갈을 상대로 특별한 활약을 하지 못했고, 팀까지 패배하면서 빛을 바랬다. 뎀벨레는 라민 야말은 나가지 못하는 클럽 월드컵에 출전하는데 예상치 못한 부상이 발생해 수상 경쟁에 또 다른 변수가 생겼다. 하지만 2025년은 월드컵이나 유로 대회 등 국가대표 주요 대회가 없기 때문에 클럽 성적이 절대적인 평가 기준이 되는 만큼, 뎀벨레의 수상을 어느 정도 예상할 수 있었다.

라민 야말은 발롱도르를 수상할 수 있을까. 감히 이야기하면 그건 시간문제로 보인다. 라민 야말은 발롱도르에서도 최연소라는 신기록을 쓸 준비를 하고 있다. 라민 야말이 발롱도르를 수상하게 된다면 현재 호나우두가 갖고 있는 역대 최연소 수상 기록(21세 95일)을 새롭게 쓰게 된다. 그리고 이는 단순한 개인상 이상의 의미를 지닌다. 라민 야말의 수상은 유럽 축구의 세대교체와 라 마시아 유스 시스템의 성공을 다시 한번 전 세계에 알리는 계기가 될 것이며, 스페인 축구가 다시 한 번 세계 무대의 중심으로 도약하는 신호탄이 될 것이다. 라민 야말이 발롱도르를 수상하는 그 특별한 날을 기다려보자.

발롱도르
역대 최연소 수상자
TOP 10

1st
호나우두 브라질
1997년
21세 95일

2nd
잉글랜드 ## 마이클 오언
2001년
22세 4일

3rd
리오넬 메시 아르헨티나
2009년
22세 157일

4th
북아일랜드 ## 조지 베스트
1968년
22세 212일

5th
올렉 블로힌 소련
1975년
23세 5일

6th
포르투갈 ## 크리스티아누 호날두
2008년
23세 9개월 27일

7th
에우제비우 포르투갈
1965년
23세 11개월 3일

8th
네덜란드 ## 마르코 반 바스텐
1988년
24세 1개월 27일

9th
요한 크루이프 네덜란드
1971년
24세 8개월 3일

10th
스페인 ## 루이스 수아레스
1960년
25세 7개월 10일

2012년 11월 25일 발렌시아 시립 경기장(Estadio Ciudad de Valencia)에서 열린
바르셀로나와 레반테 UD의 2012-13시즌 스페인 라리가 13라운드 경기는 라 마시아
그리고 바르셀로나를 사랑하는 사람들에게 위대한 밤을 선사했다. 이 경기에서
바르셀로나 창단 113년 만에, 경기에 뛰고 있는 11명 모든 선수가 라 마시아 출신인
역사적인 순간이 탄생했다. 선발 라인업에서는 다니 알베스가 포함돼 11명 모두 라
마시아 출신은 아니었다. 하지만 14분에 예상치 못한 부상이 발생해 다니 알베스가
마르틴 몬토야와 교체되며 역사적인 라인업이 탄생했다. 참고로 이때 팀을 이끌었던 티토
빌라노바 감독 역시 라 마시아 출신이다. 그는 2014년 4월 45세라는 이른 나이에 암으로
세상을 떠났고, 2015년 2월 바르셀로나의 1군 훈련장은 그의 이름을 따서 '캠프 티토
빌라노바(Camp Tito Vilanova)'로 명명되어 있다.

라 마시아의

MANAGER
감독

**티토
빌라노바**

1984년
만 15세에
라 마시아
입단

FW
공격수

**안드레스
이니에스타**

1996년
만 12세에
라 마시아
입단

**리오넬
메시**

2000년
만 13세에
라 마시아
입단

**페드로
로드리게스**

2004년
만 17세에
라 마시아
입단

MF
미드
필더

**세스크
파브레가스**

1997년
만 10세에
라 마시아
입단

**세르히오
부스케츠**

2005년
만 17세에
라 마시아
입단

**사비
에르난데스**

1991년
만 11세에
라 마시아
입단

DF
수비수

**조르디
알바**

1998년
만 9세에
라 마시아
입단

**카를레스
푸욜**

1995년
만 17세에
라 마시아
입단

**헤라드
피케**

1997년
만 10세에
라 마시아
입단

**마르틴
몬토야**

1999년
만 8세에
라 마시아
입단

GK
골키퍼

**빅토르
발데스**

1992년 7월 1일
만 10세에
라 마시아
입단

위대한 밤

골키퍼 | 빅토르 발데스 은퇴
수비수 | 마르틴 몬토야 아리스 테살로니키
헤라드 피케 은퇴
카를레스 푸욜 은퇴
조르디 알바 인터 마이애미

라 마시아의 11인(Los 11 de La Masia)으로 불리는 이 경기는 라 마시아의 방향이 틀리지 않았다는 걸 증명했다. 이 위대한 선수들은 경기장에서 자신들의 우월한 DNA를 뽐냈다. 46분 리오넬 메시는 후방 패스를 받아 오프사이드 라인을 절묘하게 돌파했고, 가벼운 칩슛으로 선제골을 기록했다. 그리고 4분 뒤 중원에서 게임 같은 짧은 패스들이 순식간에 오갔고 이니에스타가 측면 돌파 후 패스를 내주자 메시가 해결하며 경기를 2-0으로 만들었다. 라 마시아의 위대한 아이들은 멈추지 않았다. 56분에는 이니에스타가 직접 공을 몰고 페널티박스 근처까지

다가갔다. 상대 선수들은 패스를 의식해 달려들지 않았는데 그러자 강력한 슈팅으로 레반테의 골망이 출렁였다. 여기서 끝이 아니었다. 62분에는 이니에스타의 반박자 빠른 패스를 받은 파브레가스가 골키퍼까지 제치고 가볍게 득점에 성공했다. 실점 위기도 있었다. 72분 푸욜이 거친 태클로 페널티킥을 내준 것이다. 하지만 발데스가 예측에 성공하며 실점을 막았다. 그렇게 바르셀로나의 4-0 완승이 완성됐다. 이 경기는 단순한 승리를 넘어 라 마시아의 위대한 철학이 바르셀로나에 어떤 영향을 미치고 팀을 발전시키고 있는지 직접 확인할 수 있는 역사의 현장이었다.

미드필더 | **세르히오 부스케츠** 인터 마이애미
사비 에르난데스 은퇴
세스크 파브레가스 은퇴
공격수 | **페드로 로드리게스** SS 라치오
리오넬 메시 인터 마이애미
안드레스 이니에스타 은퇴

경기가 끝난 후 무실점으로 승리를 도운 빅터 발데스는 "이건 15-20년 전부터 쌓아온 노력의 결과입니다. 오늘의 성공은 그때의 지도자와 코치, 구단의 장기적 비전 덕분입니다"라며 라 마시아의 시스템이 이런 영광의 밤을 만들었다고 강조했다. 이 경기를 시작으로 라 마시아 출신 선수들이 바르셀로나는 물론 스페인의 황금시대를 이끌게 되는 서막을 알렸다. 실제로 이 시즌 바르셀로나는 라리가 승점 100점(최다 승점 타이) 및 최다 득점 신기록(115골)을 세웠다. 이 위대한 밤이 단순한 상징이 아니라, 실제로도 팀이 압도적 성적으로 시즌을 마무리한 과정이었다.

바르셀로나는 이 경기를 자신들의 특별한 역사로 기억하고 있다. 2022년에는 이 경기의 10주년을 기념하는 행사를 진행하며 특별한 하이라이트 영상이 제작되기도 했다. 경기에 참가했던 선수들이 초대돼 팬들과 만나기도 했고, 바르셀로나의 전직 선수들과 감독들도 이 역사적인 순간을 회상하며 메시지를 남겼다. 이 경기를 뛴 라 마시아의 아이들은 대부분 은퇴를 했지만, 그 위대했던 밤과 라 마시아의 철학은 여전히 바르셀로나의 심장에 남아있다.

제2의
리오넬
메시들

보얀 크르키치 Bojan Krkić

이 주제에서 가장 먼저 언급해야 할 선수다. 보얀은 17세 18일이라는 어린 나이에 바르셀로나 1군 데뷔전을 치르며 메시의 후계자로 주목받았다. 국내에서는 '최소 메시'라는 별명으로 불렸다. 라 마시아에서 가장 눈에 띄는 선수로 메시를 이을 재목으로 평가받았고, 실제로 첫 시즌 48경기 12골 5도움을 기록하며 모두를 놀라게 했다. 하지만 이는 오래가지 못했다. 팬들은 기대에 미치지 못하는 활약을 하자 실망감이 커졌고, 보얀 본인도 심리적으로 흔들리는 모습을 보였다. 결국 바르셀로나를 떠나 AS로마, 아약스, 스토크 시티, 마인츠, 빗셀 고베 등에서 활약한 뒤 2023년 선수 생활을 마무리했다. 보얀은 메시의 도움을 받아 메시가 갖고 있던 바르셀로나 최연소 데뷔골 기록을 새로 썼으나 사람들의 기대보다는 평범한 선수였다.

지오바니 도스 산토스 Giovani dos Santos

라 마시아 출신의 지오바니 도스 산토스는 '멕시코 메시'로 불렸다. 월반에 월반을 거듭해 2007년 아틀레틱 빌바오전에서 18세 114일의 나이로 티에리 앙리와 교체돼 바르셀로나 1군 데뷔전을 치렀다. 도스 산토스는 많은 기회를 기대했지만 현실적으로 어린 유망주가 경기에 나설 수 있는 기회는 많지 않았다. 결국 바르셀로나에서 28경기 3골을 기록한 후 2008년 토트넘 홋스퍼로 이적했다. 이 선택은 결국 실패로 이어졌다. 이적 후에도 입스위치 타운, 갈라타사라이 등 임대를 전전했고, 2012년 레알 마요르카로 이적했다. 이후 비야레알, LA갤럭시, 클럽 아메리카에서 뛴 후 2023년 은퇴를 발표했다

미야이치 료 Ryo Miyaichi

미야이치 료는 한때 '일본의 메시'로 불렸다. 드리블 기술이 상당히 좋은 선수였다. 프리미어리그 팬이라면 2011년 아르센 벵거 감독이 그를 아스날로 영입했던 것을 기억할 것이다. 그는 이적 후 바로 페예노르트 임대를 떠나 성공적인 활약을 하고 돌아왔다. 이후 볼튼 원더러스, 위건 애슬레틱 등으로 다시 임대를 떠났으나 별다른 활약을 하지 못했고, 아스날에서 리그 1경기에 출전한 뒤 2015년 쓸쓸하게 팀을 떠났다. 미야이치는 독일 2부리그 장크트파울리로 이적했고, 2021년부터는 일본 요코하마 F. 마리노스에서 뛰고 있다. 지나치게 잦은 전방 십자인대 파열이 일본 메시를 무너뜨렸다.

요코하마 F. 마리노스

이승우 Lee Seung-woo

'한국의 메시'라 불렸던 이승우는 바르셀로나 라 마시아에서 눈에 띄는 재능이었다. 실제로 바르셀로나의 레전드 사비 에르난데스가 "이승우는 1~2년 안에 1군에 합류할 것"이라고 말하기도 했다. 하지만 바르셀로나가 FIFA 징계를 받아 3년의 귀중한 시간을 날렸고, 결국 1군 경기에 단 한 번도 출전하지 못하고 팀을 떠났다. 이후 이탈리아, 벨기에, 포르투갈을 거치며 선수 생활을 이어갔지만, 다른 제2의 메시들처럼 성공적인 시기를 보내지 못했다. 결국 2022년 수원FC에 입단하면서 유럽 생활을 마무리하고 한국으로 돌아왔다. 2024년에는 K리그의 빅클럽 전북현대로 이적해 선수 생활을 이어가고 있다.

전북현대모터스

헤라르드 데울로페우 Gerard Deulofeu

바르셀로나 라 마시아 출신인 데울로페우는 메시의 후계자로 기대를 모았다. 실제로 바르셀로나에서 1군 데뷔전까지 치렀다. 이후 출전 시간을 원해 임대를 떠났었던 에버튼으로 완전 이적하며 바르셀로나와 인연은 끝나는 것 같았다. 하지만 바르셀로나가 바이백 조항을 발동해 그를 재영입했다. 그가 가진 재능이 얼마나 대단한지 알 수 있는 대목이다. 그러나 거기까지였다. 복귀 후 별다른 활약을 하지 못했고 결국 왓포드로 임대 후 완전 이적하며 다시 한번 바르셀로나를 떠나게 됐다. 훗날 데울로페우는 "메시와 비교되는 것이 힘들다"고 언급하며 제2의 메시로 살아가는 것이 어려운 일이라고 고백했다.

제2의 리오넬 메시들

은퇴

마르코 마린 Marko Marin

독일에도 제2의 메시가 있었다. 바로 마르코 마린이다. '독일의 메시'로 불렸던 마르코 마린은 베르더 브레멘에서 모두를 놀라게 했다. 측면에서 간결하고 빠른 드리블은 메시를 떠오르게 만들었다. 결국 빅클럽 첼시의 제안을 받아 본격적인 전성기가 시작되는 것처럼 보였다. 그러나 거친 프리미어리그에서 마린은 통하지 않았다. 결국 4년 동안 세비야, 피오렌티나, 안더레흐트 등 임대를 전전하다가 2016년 올림피아코스로 완전 이적했다. 이후 헝가리 빅클럽 페렌츠바로시에서 2021년 은퇴를 발표했고, 현재 츠르베나 즈베즈다에서 기술 이사로 근무하고 있다.

아스날

마르틴 외데고르 Martin Ødegaard

이 리스트에 있는 선수들 중 리오넬 메시와 가장 가까운 수준까지 도달한 선수 중 한 명이 바로 마르틴 외데고르다. 어린 나이에 '차세대 메시'라는 평가를 받은 그는 바르셀로나의 라이벌 구단인 레알 마드리드에서 화려하게 등장했다. 4년 동안 성공적인 임대 생활을 보낸 외데고르는 2014-15시즌 라리가 최종전 헤타페전에서 크리스티아누 호날두와 교체돼 16세 157일로 레알 마드리드 1군 역대 최연소 데뷔 기록을 세웠다. 하지만 부진을 거듭했고 출전 시간까지 부족해지자 이적을 결심했다. 이후 아스날의 제안을 받아 프리미어리그에 입성했다. 이 선택은 성공이었다. 아스날에서 외데고르는 화려하게 부활했고 현재 주장을 맡으며 성공적인 커리어를 보내고 있다.

라이언 골드 Ryan Gauld

밴쿠버 화이트캡스

풋볼 매니저 게임을 즐기는 팬들에게 익숙한 이름인 라이언 골드는 '스코틀랜드의 메시'로 불렸다. 168cm, 62kg으로 메시와 신체적 조건이 비슷했지만 현실은 기대에 부응하지 못했다. 던디 유나이티드에서 활약하던 시절 레알 마드리드, 리버풀, AS로마 등 여러 빅클럽과 연결되었지만, 그는 포르투갈의 스포르팅 CP로 이적하는 결정을 내렸다. 그러나 이 선택이 오히려 그의 성장에 악영향을 주었고, 비토리아 세투발, CD 아베스, SC 파렌스 등 임대를 전전한 끝에 현재는 29세에 MLS의 밴쿠버 화이트캡스에서 주장으로 뛰고 있다.

젤송 마르틴스 Gelson Martins

올림피아코스

빠른 스피드와 폭발적인 드리블 능력으로 스포르팅 CP에서 인상적인 활약을 펼쳤던 윙어 마르틴스는 메시뿐만 아니라 크리스티아누 호날두와도 비교된 선수였다. 이는 호날두가 스포르팅 출신이었던 점도 영향을 미쳤다. 그러나 모두가 알듯이 마르틴스는 축구의 신에 도달하지 못했다. 그는 훈련장에 무단으로 침입한 서포터들에게 폭행을 당하는 어처구니없는 일을 당했고, 이를 계기로 계약 해지를 요청해 팀을 떠났다. 이후 2018년 아틀레티코 마드리드로 자유계약으로 이적했으나 별다른 활약을 하지 못했고, AS모나코로 떠났다. 그러나 이곳에서는 심판을 밀치는 거친 행동으로 6개월 출장 정지라는 중징계를 받았다. 결국 마르틴스는 2024년 1월 올림피아코스로 이적했다. 다양한 사건, 사고들이 마르틴스의 성장을 막았다.

안수 파티 Ansu Fati

바르셀로나

현재 바르셀로나에도 '제2의 메시'가 있다. 바로 안수 파티다. 그는 바르셀로나 라 마시아 출신이지만 두각을 드러내는 선수는 아니었다. 하지만 2019년 16살에 1군 콜업을 받았고, 16세 304일에 데뷔골을 넣으며 모두의 주목을 받았다. 이 골은 라민 야말이 등장하기 전 바르셀로나 역사상 최연소 리그 득점이었다. 결국 2020년 로날드 쿠만 감독은 그를 1군에 합류시켰다. 처음에는 나쁘지 않았다. 하지만 시간이 지날수록 부진은 이어졌고, 라민 야말의 등장으로 입지가 급격히 줄어들어 브라이튼 임대를 선택했다. 하지만 종아리 부상이 발생했고, 초라하게 바르셀로나로 돌아왔다. 최근에는 AS모나코로 임대 이적하며 바르셀로나와 작별은 시간문제가 됐다.

레알 마드리드의 '공장'

"
라 파브리카는 단순히 선수만을 키우는 곳이 아닙니다.
마드리드의 정신, 팀을 위한 헌신,
그리고 승리의 문화를 가르치는 곳입니다.
이곳에서 성장한 선수들은 언제나 레알 마드리드의 가족입니다.
유소년팀에서 감독 생활을 하며 느낀 점은
선수 개개인의 성장뿐 아니라
팀워크와 인성 교육이 얼마나 중요한지였습니다.
라 파브리카에서의 경험은
내 인생에서 가장 값진 시간이었습니다.
"

— 라울 곤살레스 전 카스티야 감독

COLUMN 바르셀로나에 라 마시아(La Masia)가 있다면 라이벌 레알 마드리드에는 라 파브리카 (La Fábrica)가 있다. 라 파브리카는 우리말로 하면 '공장'이다. 바르셀로나는 농장, 레알 마드리드는 공장, 유소년 시스템을 부르는 이름부터 정말 다르다. 라 파브리카, 공장이라는 이름은 레알 마드리드의 전설 알프레도 디 스테파노가 붙인 것으로 이 아카데미의 시스템과 역할을 명확하게 보여준다. 라 파브리카가 있는 발데베바스 아카데미 단지는 레알 마드리드의 심장인 산티아고 베르나베우에서 북동쪽으로 약 12.7km 떨어져 있다. 이곳에 발을 들여놓는 순간 레알 마드리드 유소년 시스템의 철학과 야망을 동시에 느낄 수 있다. 이곳은 미래의 '마드리디스타'가 산티아고 베르나베우를 향해 내딛는 첫걸음이라는 상징적인 의미를 담고 있다. 라 파브리카가 있는 시우다드 레알 마드리드에는 11개의 축구장과 알프레도 디 스테파노 경기장을 품은 드넓은 훈련 시설이 있는데 이는 어린 축구 꿈나무들에게 언젠가 산티아고 베르나베우의 푸른 잔디를 밟을 수 있다는 희망을 심어준다.

레알 마드리드는 세계 최고의 선수들을 영입하는 갈락티코(Galácticos, 스페인어로 '은하수'를 뜻한다) 정책으로 유명하지만 유소년 선수 육성도 소홀히 하지 않는다. 레알 마드리드의 2021-22 회계 보고서에 따르면, 지난 10년간 라 파브리카는 유소년 선수 판매를 통해 3억 3,050만 유로(약 5,120억 원)라는 막대한 수익을 올렸다. 물론 다니 카르바할, 나초 페르난데스, 루카스 바스케스 같이 1군에서 꾸준히 활약하는 라 파브리카 출신 선수는 극소수인 게 사실이다. 하지만 레알 마드리드 아카데미는 스페인 축구 전역에 걸쳐 뛰어난 재능을 공급하는 인재 공장으로서의 역할을 톡톡히 해내고 있다. 라 파브리카에서 성장한 선수들은 레알 마드리드 1군뿐 아니라 스페인과 유럽 각지의 프로팀으로 진출하고 있다. 비니시우스 주니오르, 호드리구, 페데리코 발베르데, 마리아노 디아스와 같은 현재 1군 선수들 역시 짧은 시간이지만 레알 마드리드 유소년 팀인 카스티야에서 적응 및 성장 후 1군 무대에 데뷔했다. 심지어 라이벌 바르셀로나에도 라 파브리카 출신인 마르코스 알론소가 활약하기도 했다.

라 파브리카의 성공 비결은 무엇일까? 라 파브리카의 역사는 1950년대로 거슬러 올라간다. 아마도 레알 마드리드 역사상 가장 영향력 있는 회장인 산티아고 베르나베우의 주도로 시작된 이 프로젝트는 스페인 최초의 체계적인 유소년 육성 시스템이었다. 당시에는 지역 학교나 클럽 회원 자녀들이 참가하는 토너먼트를 통해 유망주를 발굴했다. 레알 마드리드 최초의 위대한 유소년 선수 4인방인 후안 산티스테반, 안토니오 루이스, 라몬 마르살, 엔리케 마테오스는 클럽의 초창기 성공에 큰 기여를 했다. 이후 1960년대 '예-예(ye-ye)' 세대와 1980년대 '독수리 5인방(Quinta del Buitre, 부트라게뇨, 미첼, 마노로 산치스, 마르틴 바스케스, 파코 요렌테)'으로 이어지는 라 파브리카의 황금기는 수많은 재능 있는 선수들을 배출하며 레알 마드리드의 영광 시대를 이끌었다. 특히 전설적인 공격수 에밀리오 부트라게뇨(Emilio Butragueño)의 이름을 딴 '독수리 5인방'은 5번의 리그 우승과 2번의 UEFA컵 우승을 합작하며 유소년 시스템의 중요성을 각인시켰다.

오늘날 라 파브리카의 목표는 단순히 뛰어난 축구 실력을 갖춘 선수를 넘어, 다양한 환경에 적응할 수 있는 글로벌한 선수를 육성하는 것이다. 어린 선수들에게 특정 스타일에 얽매이지 않고 유연성을 키우도록 장려하며, 다양한 포지션과 상황에서 성공할 수 있는 경쟁력을 갖추도록 돕고 있다. 14세 이하의 어린 연령대에서는 경기 자체에 집중하고, 15세부터는 체계적인 훈련 방식을 도입하지만, 선수 중심의 유연한 시스템을 유지하는 것이 라 파브리카의 특징이다. 시스템을 강조하는 바르셀로나와는 느낌이 많이 다르다. 물론 라 파브리카를 거치는 모든 선수가 성공하는 것은 아니다. 아카데미에 있는 대부분의 선수들은 레알 마드리드 1군에 진출하지 못할 것이며, 많은 수가 프로 축구 선수의 꿈을 이루지 못할 수도 있다. 20년 이상 유소년 아카데미에서 일했던 비센테 델 보스케 감독은 "선수들에게 현실을 직시하고 평범한 사람이 되는 것도 괜찮다는 것을 말하는 것이 중요하다고 생각한다"고 말하기도 한다. 라 파브리카 역시 선수들이 이 기회 자체를 즐기고, 이곳이 세계에서 가장 까다로운 축구 학교 중 하나라는 것을 인지하도록 교육한다. 바르셀로나에 비해 레알 마드리드는 유소년에서 1군으로 올라가 성공하는 경우가 드물다. 물론 다니 카르바할과 나초 페르난데스 같은 경우도 있다. 특히 나초 페르난데스는 모든 유소년 카테고리에서 주장을 역임했을 뿐만 아니라, 1군에서도 핵심 역할을 하며 UEFA 챔피언스리그에서 6번이나 우승에 성공했다.

그래도 우리는 현실을 봐야 한다. 상당수의 라 파브리카 선수들이 방출되는 시기는 알레빈(12세 이하)에서 인판틸(13세 이하)로 넘어갈 때와 카데테(16세 이하)에서 후베닐(17세 이하)로 넘어갈 때다. 하지만 레알 마드리드는 방출된 선수들을 외면하지 않고 그들의 성장 과정을 꾸준히 추적하는 정책을 가지고 있다. 심지어 떠난 선수들을 다른 잠재적인 영입 대상보다 더 면밀히 관찰하기도 한다. 레알 마드리드는 선수를 판매할 때 바이백 조항이나 임대 옵션을 포함하여 미래를 대비한다. 최근 프란 가르시아의 복귀는 이러한 전략의 성공적인 사례다. 라 파브리카 출신인 가르시아는 지난 2021년 레알 마드리드에서 라요 바예카노로 임대 후 완전 이적했다. 그가 라요

바예카노에서 뛰어난 활약을 펼치자 레알 마드리드는
보유한 바이백 조항(원소속 구단이 특정 금액을
지불하면, 이적시킨 선수를 일정 기간 내에 다시 영입할
수 있도록 하는 권리)을 발동시켜 그를 다시 영입했다.
라 파브리카에서 곧바로 1군으로 데뷔하는 건 쉽지
않지만 레알 마드리드는 이 자원들이 다른 팀에서
성장하는 것까지 꼼꼼하게 지켜보며 언제든 데려올
준비를 하고 있다. 라 파브리카는 레알 마드리드의
DNA를 주입하고 스페인 축구계 전반에 걸쳐
다재다능한 재능을 공급하는 공장으로서 기능하며,
바르셀로나의 라 마시아가 클럽의 특정 철학과
스타일을 강조하는 것과는 대조적으로 보다 폭넓고
적응력 있는 선수를 육성하는 데 초점을 맞추고 있다고
할 수 있다. 유소년 시스템만 봐도 두 구단이 얼마나
다른 팀인지 알 수 있다.

La Fábrica

EPILOGUE

라민 야말의
다음 챕터를 기다리며

라민 야말과 바르셀로나의 라 마시아 이야기를 마무리하면서 한 가지 깊은 생각이 들었다. 이 책에서 정리한 내용이 라민 야말이 훗날 은퇴를 발표할 때 그의 커리어에서 어느 정도를 차지할지, 그리고 그가 축구 역사에 어떤 발자취를 남길지 궁금해진다.

이 책에는 어린 라민 야말이 라 마시아에 합류한 뒤 바르셀로나에서 세계 최고의 선수로 도약한 18살까지의 짧지만 위대한 여정이 담겨 있다. 최근 축구 선수들은 30대 중반, 많게는 30대 후반까지도 활약하는 시대다. 그렇게 본다면, 큰 부상이나 축구 외적인 문제가 발생하지 않는 한 라민 야말은 앞으로 20년 이상 축구 선수로 뛸 수 있을 것 같다. 결국 내가 정리한 것은 라민 야말의 시작에 불과하다. 비록 짧은 시작이지만, 라민 야말이 출발은 누구보다 화려하다. 축구 팬으로서 이 찬란한 빛이 오래도록 이어지길 간절히 바란다. 지금까지 축구를 나름 오래 지켜봤지만, 처음에 밝게 빛났던 선수들 중 대부분은 오랜 시간 그 빛을 유지하지 못했다. 심지어 어떤 선수는 순간적인 번쩍임에 그치기도 했다.

하지만 라민 야말이 지금까지 보여준 모습은 이 밝은 불빛이 꽤나 오래 지속될 것임을 기대하게 만든다. '축구의 신' 리오넬 메시, '슈퍼스타' 크리스티아누 호날두, '축구 황제' 펠레, '원조 축구의 신' 마라도나 등 축구사에 길이 남은 전설들이 걸어간 그 길까지 라민 야말의 새로운 빛이 닿기를 진심으로 바란다.

라민 야말의 진짜 이야기는 이제부터 시작이다. 아직까지 큰 위기를 겪지 않았다. 라 마시아 입단 후 파격적인 월반으로 점점 더 높은 무대에 올랐고, 결국 바르셀로나 1군까지 승격했다. 그리고 세계 최고의 선수들과 경쟁하며 순식간에 정상에 올랐다. 그의 커리어는 성공의 연속이었다. 하지만 우리의 인생은 성공과 실패가 뒤섞여 있다.

라민 야말에게도 분명히 힘든 시기가 올 것이다. 피할 수 없는 진리. 그때 그가 한 단계 더 성장하길 바란다. 성공은 기쁨을 주고, 실패는 배움을 준다. 축구의 신 리오넬 메시와 크리스티아누 호날두도 힘든 시기를 겪으며 성장했고, 펠레와 마라도나도 어려운 시간을 보낸 뒤 화려하게 빛났다.

라민 야말도 여기서 멈추지 않고 꾸준히 성장하며 축구 역사에 자신의 페이지를 새기길 응원한다.

이 책을 마치며, 나 역시 라민 야말의 성장에서 큰 영감을 받았다. 독자 여러분도 각자의 삶에서 자신만의 라민 야말을 발견하길 바란다. 라민 야말처럼 어리지도, 천재적인 재능도 없지만, 평범한 우리들은 각자의 자리에서 최선을 다하며 살아가고 있다. 오늘은 남은 인생에서 가장 젊은 날이다. 이 사실만 기억한다면, 우리의 여정은 이제 막 시작임을 깨닫게 된다.

라민 야말의 다음 챕터, 그리고 이 책을 읽은 모든 분들의 새로운 여정을 진심으로 응원한다. 그리고 앞으로 펼쳐질 그의 이야기들이 우리 모두에게 큰 희망과 영감을 주길 바란다.

Lamine Yamal

1ST PUBLISHED DATE 2026. 2. 13

AUTHOR Sunsoo Editors, Park Juseong
PUBLISHER Hong Jungwoo
PUBLISHING Brainstore

EDITOR Kim Daniel, Kim Jinho, Jeong Chaehyun, Park Hyerim
DESIGNER Lee Yeseul
MARKETER Bang Kyunghee
E-MAIL brainstore@publishing.by-works.com
BLOG https://blog.naver.com/brain_store
INSTAGRAM https://instagram.com/brainstore_publishing
PHOTO Getty Images

ISBN 979-11-6978-075-9 (03690)

LAMINE YAMAL